Colazione (f) → breakfast
pranzo   lunch
se . if - · -

D0510638

Italian In No Time
The basics – in 32 lessons
by Adrienne

in collaboration with Teresa Powell-Smith Bonvecchiato

Hutchinson of London

Hutchinson & Co. (Publishers) Ltd
17–21 Conway Street, London W1P 6JD

London Melbourne Sydney Auckland
Wellington Johannesburg and agencies

First published in Great Britain April 1983

Set in IBM Univers
by Type Practitioners Ltd,
Sevenoaks, Kent

Printed in Great Britain by
The Anchor Press Ltd and bound by
Wm Brendon & Son Ltd, both of
Tiptree, Essex

British Library CIP data

Adrienne
    Italian in no time.
    1. Italian language
    I. Title
    458   PC1065

ISBN 0 09 150501 1

For Carolyn and Jimmy McGown
and their grandfather

By the same author

*for children, approximately
ages seven to nine*

The Junior Gimmick (French)

*for the teenager and the adult
wishing to take a quick plunge
(24 lessons — one weekly or
according to study time available
vocabulary 1200 words)*

The Basic Gimmick (French)

*for the adult wishing for a
longer comprehensive course
(32 lessons — one weekly or
according to study time available
vocabulary 3000 words)*

French In No Time

German In No Time

Spanish In No Time

and, for the more advanced student

Le Gimmick — Français parlé

Der Gimmick — gesprochenes Deutsch

El Gimmick — Espanol hablado

Il Gimmick — L'Italiano Corrente

Contents/Indice

Preface

The Gimmicks for the more advanced student have been found so useful by so many — in French, German, Spanish and English — throughout Europe and America — that I have prepared a method to meet the needs of students at an earlier stage of language learning. There is much to criticise in present methods.

Beginners aren't imbeciles!
The boring repetition of inane exercises in 'modern' methods is an insult to the intelligence. To repeat, endlessly, structured sentences is a sure way to kill the discovery of one's own style. Without the freedom to make mistakes, the student will never learn to 'feel' the language. This is why, after a year or more of study, the student, often, can barely get a sentence out on his own. Emphasis on constant structuring discourages creativity, and speaking a language is a creative process.

Forced feeding
It's no good having perfect grammar if your vocabulary is limited to a few words. This is THE problem in language learning, for a language IS ITS VOCABULARY. Grammar and writing exercises over and over should not be dwelt on ridiculously. It will come automatically if vocabulary is learned properly. It doesn't matter if the beginner is lost . . . confused. Beginners are not fragile. They won't break. I don't ask mine to understand. I ask them to learn . . . hundreds of words. The theorist may need high grammar. Mr and Ms John Q. Public need words in order to understand and be understood. Vocabulary should be programmed and progressive — and gobbled up.

Tests
TESTS ARE ABSOLUTELY INDISPENSABLE FOR THOSE WHO WANT TO LEARN A LANGUAGE IN LESS THEN TEN YEARS! You can be tested by the teacher or by a friend. Each lesson should be well tested, written if possible, to make sure the words are 'in the head' and not just in the book. And, as learning is rarely 'solid' the first time, the same test should be repeated throughout the year. You must memorize hundreds, thousands of words. There is no way to communicate without words. I don't care how perfect your grammar is.

Mistakes are an asset!
Making mistakes is one of the principal ways the student learns a language . . . when it really sinks in. For verbs there is nothing better. Written resumés are excellent for this reason, and the student should write them for homework

as of the first lessons: at first a small paragraph about his house, job, family, etc., and then a page summary of a movie, etc. This is the way he will find his style.

Homework
Homework is always a good thing — if only studying for constant vocabulary tests. Written summaries are an excellent way to ensure that verbs and vocabulary are being assimilated.

Pace
A very good class can assimilate one lesson a week (a once- or twice-a-week class). Those with less time might need two to three weeks for each lesson.

Not strictly kosher!
When necessary to facilitate learning, I have sacrificed strict grammatical explanations. The purist may frown on this, but the student will understand more easily. As it is easier to learn a group of words rather than the classic one-to-one translation, the vocabulary is taught by association.

Institut audio-visuel
Those who want to contact me personally should write to: Adrienne, IAV, 40 rue de Berri, 75008 Paris, France.

The ideal lesson
An ideal lesson might include:
— 15 minutes: the students ask each other questions to begin the class — using the verbs and vocabulary they have learned.
— 20 minutes: oral summary of a story, film, etc.
— 15 minutes: test (written and corrected).
— 15 minutes: grammar drills and vocabulary explanation from book, etc.
— 20 minutes: read story or article — they give quick summaries.

Optional
— 10 minutes: dictation.
— 20 minutes: debate.
— 20 minutes: scene playing.

BOXED IN

The 'boxes' are there to concentrate your attention on the vital basic skeleton of language. Read and assimilate each well. Then learn the vocabulary by heart, always testing yourself by writing it down. Next do the exercises, correcting your work with the key at the end of the book. Each lesson represents about one week's work. After years and years of teaching executives, journalists, actors, ministers and diplomats — this method works! This is the best class text or 'self-learner' in town!!

LEZIONE 1

E' UNA SEDIA NERA?	Is it a black chair?
Sì, è una sedia nera.	Yes, it's a black chair.
No, non è una sedia nera.	No, it isn't a black chair.

CHE COS'E'?	What is it?
E' una sedia nera.	It's a black chair.

1 = **uno**   2 = **due**   3 = **tre**   4 = **quattro**   5 = **cinque**

translate:

1) Is it a big table?
2) It isn't a black door.
3) See you soon.
4) Is it a little dog?
5) Darn it!
6) It isn't a big black book, but a big blue book.
7) What is it? — It's a watch.
8) Is it a red telephone?
9) It isn't a little chair.
10) Is it a white alarm-clock?

UN = a (masculine)	→	**UNA** = a (feminine)
<u>un</u> **uomo** = a man **libro** = a book		<u>una</u> **donna** = a woman **sedia** = a chair

note: — words in Italian are either masculine or feminine — with no logic
to guide you!
      — before s (followed by consonant) and z the masculine article
becomes uno: e.g. uno studente (a student), uno zio (an uncle).
      — before a vowel una becomes un': e.g. un'aranciata (an orangeade)

ADJECTIVES

<u>un</u> libro <u>nero</u>   →   <u>una</u> sedia <u>nera</u>

---

note: — adjectives ending in -e remain the same for the feminine: e.g. un
albero verde (a green tree), una foglia verde (a green leaf).
      — rosa (pink), blu (blue) are invariable.

give the affirmative and negative answers:

1)   E' un gatto piccolo?
2)   E' un cane bianco?
3)   E' un telefono blu?
4)   E' un muro bianco?
5)   E' un libro grosso?
6)   E' una penna?
7)   E' un orologio blu marino?
8)   E' una matita nera?
9)   E' una sedia?
10)   E' una libreria grande?
11)   E' un topo bianco?
12)   E' una porta?
13)   E' una porta verde?
14)   E' una sveglia rosa?

The sign ≠ in the following vocabulary section means 'associated opposite'
and refers to the words in the fourth column.

VOCABOLARIO

	traduzione = translation	sinonimo-associato = associated synonym	contrario-associato = associated opposite
1. (un) gatto	cat	(un) topo = mouse	(un) cane = dog
2. (un) tavolo	table ≠ chair		(una) sedia
3. sì	yes		no = no
4. buon giorno	hello ≠ good-bye	ciao, salve	arrivederci, buon giorno
5. ancora una volta	again	di nuovo	
6. (una) penna	pen ≠ pencil		(una) matita, (un) lapis
7. (un) telefono	telephone		
8. (un) muro	wall		
9. (un) orologio	/watch/clock	(una) sveglia = alarm-clock	
10. (una) porta	door	(una) finestra = window, (una) vetrina = shop-window	
11. /e/o	/and/or	ma = but	
12. nero	black		bianco = white
13. accidenti!	darn it!, damn it!	maledizione! porca miseria! = shit!	
14. piccolo	little ≠ big		grande, grosso
15. /il(i) la(le) /un(una)	/the/a		
16. rosso	red	rosa = pink	
17. blu	blue	blu marino = navy blue	
18. (un) libro	book	(una) libreria = bookstore	
19. (un) compito	/homework/task		
20. a più tardi	see you soon		

LEZIONE 2

SONO LIBRI INTERESSANTI?   Are they interesting books?

Sì, sono libri interessanti.   Yes, they're interesting books.
No, non sono libri interessanti.   No, they aren't interesting books.

note: — adjectives are usually placed after the noun.
 — the following adjectives may be shortened if placed before a
    masculine noun:
    buo<u>no</u> = good (un buo<u>n</u> ragazzo = a good boy)
    gran<u>de</u> = big, great (un gra<u>n</u> giardino = a big garden)
    bel<u>lo</u> = beautiful (un be<u>l</u> quadro = a beautiful picture).

CHE COSA SONO?   What are they?

Sono sigarette.   They're cigarettes.

translate:

1) How are you? Fine, thank you, and you?
2) Are they cigarettes?
3) Are they black coats?
4) I'm sorry. I apologize.
5) Are they big books?
6) Time's up.
7) What are they? They're pencils.
8) That's it.
9) They're poor kids.
10) Could you repeat it, please?

note: each lesson should begin with a drill of the previous lesson and a quick
    written test.

SINGULAR	→	PLURAL
un libro (a book)	→	**libri/dei libri** (some books)
una lezione (a lesson)	→	**lezioni/delle lezioni** (some lessons)

note: — the plural is usually formed by changing the last vowel into i; some
        irregulars are: men = uomini, fingers = dita, eggs = uova.
     — those feminine nouns and adjectives which end in — a form the
        plural in -e: e.g. una donna bella (a beautiful woman) → donne belle
        (beautiful women).
     — if the noun is plural, the adjective is also plural.
     — nouns ending with a consonant remain the same in the plural:
        e.g. un autobus = a bus → due autobus = two buses.
     — most words ending in /co/go/ca/ga change to /chi/ghi/che/ghe in the
        plural: e.g. albergo = hotel → alberghi, ricco = rich → ricchi.

UN/IL CAPPOTTO BIANCO = A/THE WHITE COAT

un/il	— article
cappotto	— noun
bianco	— adjective

6 = **sei**   7 = **sette**   8 = **otto**   9 = **nove**   10 = **dieci**

put in the plural:

un tipo debole
una ragazza piccola
un bimbo forte
una donna ricca
un calzino nero
un cappotto lungo
un tipo grosso
un uomo vecchio
un ragazzo giovane
un lapis lungo
un accendino corto
una vecchia sveglia
un buon vecchio libro
una notte lunga
un buon albergo

una via larga
una carta spessa
una stanza piccola
un libro rosso
una chiave grande
una scatola blu
un bimbo mite
un fiammifero sottile
un cappotto leggero
un tipo povero
un'ultima lezione
un primo bambino
un tavolo pesante
un vecchio cane
un disco italiano

give the affirmative and negative answers; then give the singular form of each question:

1) Sono donne interessanti?
2) Sono uomini forti?
3) Sono bambini poveri?
4) Sono tipi miti?
5) Sono sigarette buone?
6) Sono scarpe nere?
7) Sono pantofole rosse?
8) Sono calzini bianchi?
9) Sono stanze grandi?
10) Sono ragazze giovani?
11) Sono fiammiferi lunghi?
12) Sono bimbi buoni?
13) Sono chiavi vecchie?
14) Sono buche gialle?
15) Sono dischi italiani?
16) Sono alberghi buoni?

IL/I – LA/LE	=	THE
il libro = the book (masculine)	→	**i libri** = the books
la sedia = the chair (feminine)	→	**le sedie** = the chairs

note: – il is replaced by lo before an s followed by a consonant and before z, and by gli in the plural (lo studente = the student, gli studenti = the students).
– lo and la become l' before a vowel (e.g. l'uomo = the man, l'aranciata = the orangeade).
– the plural of l' (masculine) is gli (gli uomini = the men).

E'	NERO IL GATTO?	Is the cat black?
	NERA LA GATTA?	
Sì,	il gatto è nero. la gatta è nera.	Yes, the cat is black.
No,	il gatto non è nero. la gatta non è nera.	No, the cat isn't black.

note: il gatto = male cat, la gatta = female cat.

give the singular and plural negative answers:
e.g. E' nero il gatto?
      — No, il gatto non è nero.
      — No, i gatti non sono neri.

1) E' alta la donna?
2) E' debole l'uomo?
3) E' grosso il libro?
4) E' piccola la stanza?
5) E' interessante la lezione?
6) E' pesante il tavolo?
7) E' blu l'impermeabile?
8) E' piccola la scarpa?
9) E' magro il bambino?
10) E' giovane la donna?
11) E' nero il cappello?
12) E' basso il tipo?
13) E' sopra il tavolo la scarpa?
14) E' sopra la sedia il portacenere?
15) E' bianca la prima porta?
16) E' lunga l'ultima lezione?
17) E' sotto la sedia la pantofola?
18) E' ricca la donna?
19) E' larga la via?
20) E' rosso il calzino?
21) E' giovane l'uomo?
22) E' sopra la scatola l'accendino?
23) E' forte il ragazzo?
24) E' grassa la ragazza?
25) E' cattivo il marmocchio?
26) E' buona la sigaretta?

translate and answer in the negative, singular and plural:
e.g. Sono tipi interessanti?
  — Are they interesting guys?
  — No, non sono tipi interessanti.
  — No, non è un tipo interessante.

1) Sono orologi blu?
2) Sono uomini grassi?
3) Sono donne alte?
4) Sono scatole gialle?
5) Sono scarpe grandi?
6) Sono vie corte?
7) Sono bambini belli?
8) Sono impermeabili lunghi?
9) Sono cappelli verdi?
10) Sono stanze grandi?
11) Sono gatti neri?
12) Sono calzini gialli?
13) Sono tipi forti?
14) Sono libri spessi?
15) Sono librerie grandi?
16) Sono lezioni corte?
17) Sono tipi ricchi?
18) Sono cani grossi?
19) Sono scarpe marroni?
20) Sono sigarette cattive?
21) Sono cappotti pesanti?
22) Sono buche rosse?
23) Sono chiavi grandi?
24) Sono stivali neri?
25) Sono topi bianchi?
26) Sono muri bassi?

put in the interrogative, singular and plural:
e.g. E' un orologio.
    - E' un orologio?
    - Sono orologi?

1) E' una donna giovane.
2) E' una stanza piccola.
3) E' una scatola grande.
4) E' un portacenere giallo.
5) E' una donna interessante.
6) E' un bambino mite.
7) E' un fiammifero lungo.
8) E' un accendino bello.
9) E' una via stretta.
10) E' un cappotto leggero.
11) E' una donna vecchia.
12) E' un tipo cattivo.
13) E' un cane nero.
14) E' una sveglia verde.
15) E' un uomo ricco.
16) E' un muro alto.
17) E' un libro vecchio.
18) E' la prima lezione.
19) E' un giorno lungo.
20) E' una notte nera.
21) E' un gatto bianco.
22) E' un libro sottile.
23) E' un tavolo pesante.
24) E' un marmocchio buono?
25) E' un impermeabile verde.
26) E' un ragazzo debole.

translate:

1) Would you repeat it, please?
2) The child is under the table.
3) That's not it.
4) The ashtray isn't on the chair.
5) The streets aren't wide.
6) I'm sorry.
7) The woman is big and fat.
8) The guys are poor but interesting.
9) Time's up!
10) Darn it!
11) The letter-box is red.
12) Good-morning. How are you?
13) The books aren't thick.
14) The first lesson is interesting.
15) The girl's thin, me too.
16) The man isn't fat; neither am I.
17) The lighter's old but good.
18) The kids are strong.
19) That's correct. That's it.
20) The hat's little.
21) The first room is small.
22) The shoes are big.
23) The wall is red and blue.
24) The coat is black but the hat is navy blue.
25) A book is on the table.
26) Is a rich girl interesting?
27) A red telephone is on the chair.
28) The yellow socks are under the table.

CONTRARI (OPPOSITES) 1

learn by heart, then ask someone to give you a test:

1) **la ragazza è giovane** ≠ **vecchia**
   the girl's young   old

2) **la donna è grassa**   ≠ **magra**
   the woman's fat   thin

3) **il tavolo è pesante**   ≠ **leggero**
   the table's heavy   light

4) **la voce è alta**   ≠ **bassa**
   the voice is loud   low

5) **l'uomo è alto**   ≠ **basso**
   the man's tall   short

6) **la via è larga**   ≠ **stretta**
   the street's wide   narrow

7) **Michele è ricco**   ≠ **povero**
   Mike's rich   poor

8) **l'uomo è forte**   ≠ **debole**
   the man's strong   weak

9) **la carta è spessa**   ≠ **sottile**
   the paper's thick   thin

10) **la stanza è grande**   ≠ **piccola**
    the room's big   small

11) **l'uomo è buono**   ≠ **cattivo**
    the man's good   bad

12) **il libro è sopra il tavolo** ≠ **sotto**
    the book is on the table   under

13) **questa lezione è la prima** ≠ **ultima**
    this lesson is first   last

VOCABOLARIO

	traduzione	sinonimo-associato	contrario-associato
1. anch'io	me too ≠ me neither		neanch'io
2. Come sta?	How are you? ≠ fine thank you and you?	Come va?	bene, grazie, e Lei?
3. (un) uomo	man ≠ woman	(un) tipo = guy	(una) donna
4. (un) ragazzo	boy ≠ girl		(una) ragazza
5. /(un) bambino /(un) bimbo	/child/kid	(un) marmocchio = brat, (un) lattante = a baby	(un) adulto
6. buon giorno	good morning	salve = hello, ciao = /hello/good-bye	buona sera = good evening
7. (un) giorno	day ≠ night	pomeriggio = afternoon, sera = evening	(una) notte
8. (una) scatola	/box/tin	(una) buca = letterbox	
9. esatto!	that's right ≠ it's wrong	è proprio così, va bene	non è così, non va bene
10. (una) chiave	key	soluzione	
11. /(una) scarpa/ (un) calzino	/shoe/sock	(una) pantofola = slipper, stivali = boots	
12. Può ripetere per favore?	Would you repeat, please?	E'ora = Time's up!	
13. (un) fiammifero	match	(un) accendino = lighter	(un) portacenere = ashtray
14. /verde/marrone	/green/brown	giallo = yellow	
15. corto	short ≠ long		lungo
16. /(un) cappello /(un) cappotto	/hat/coat	impermeabile = raincoat	
17. /mi (di) spiace /chiedo scusa	/I'm sorry /I apologise	mi scusi = excuse me	
18. (un) albergo	hotel	(una) camera = bedroom	
19. /(un) disco /(una) cassetta	/record /cassette	(un) giradischi = record player	

LEZIONE 3

POSSESSIVE ADJECTIVES AND PRONOUNS

il mio, la mia, i miei, le mie	= my/mine
il tuo, la tua, i tuoi, le tue **il Suo, la Sua, i Suoi, le Sue** **il vostro, la vostra, i vostri, le vostre**	= your/yours
il suo, la sua, i suoi, le sue	= his, her, its/ his, hers, its
il nostro, la nostra, i nostri, le nostre	= our/ours
il loro, la loro, i loro, le loro	= their/theirs

note: — this is less complicated than it seems. First you have to find out
what is owned (not *who* owns it) and follow the masculine or
feminine, singular or plural of these words: e.g.
- il mio libro (my book)
- la sua sedia (her or his chair)
- i nostri libri (our books)
- le loro sedie (their chairs)
- the possessives are usually preceded by the article.
No article is used, however, when the possessive adjective precedes a
singular noun denoting relationship, e.g. mia madre (my mother),
mio fratello (my brother); but: i miei fratelli (my brothers).
- IL TUO, LA TUA, I TUOI, LE TUE (when addressing one person
only) and IL VOSTRO, LA VOSTRA, I VOSTRI, LE VOSTRE
(when addressing more than one person) are an added difficulty —
these are special forms for friends and lovers.

14

E' IL SUO/TUO LIBRO?	Is it your book?
Sì, è il mio libro.	Yes, it's my book.
Sì, è il mio.	Yes, it's mine.

SONO I SUOI/TUOI GUANTI?	Are they your gloves?
Sì, sono i miei guanti.	Yes, they're my gloves.
Sì, sono i miei.	Yes, they're mine.
SONO I SUOI GUANTI?	Are they his/her gloves?
Sì, sono i suoi guanti.	Yes, they are his/her gloves.
Sì, sono i suoi.	Yes, they're his/hers.

DI CHI E' QUESTO LIBRO?	Whose book is it?
E' il Suo libro. E' il Suo.	It's your book. It's yours.
E' il suo libro.	It's her/his book.
E' il suo.	It's hers/his.

11 = **undici**	16 = **sedici**
12 = **dodici**	17 = **diciassette**
13 = **tredici**	18 = **diciotto**
14 = **quattordici**	19 = **diciannove**
15 = **quindici**	20 = **venti**

translate:

1) Is it your scarf? — No, it's hers.
2) Are they his boots? — No, they're hers.
3) What's the matter?
4) Whose bag is it?
5) They aren't my sweaters, they're hers.
6) Thank you. You're welcome.
7) Are your slacks too short?
8) Get it?
9) They aren't your ties, they're mine.
10) It doesn't matter.
11) What's new? — Nothing special.

give the possessive pronouns:
e.g. E' il mio maglione. E' il mio.

1) Sono i Suoi vestiti. Sono . . .
2) E' la mia camicia. E' . . .
3) Sono le loro sigarette. Sono . . .
4) E' la sua gonna. E' . . .
5) Questo accendino rosso è il mio accendino. E' . . .
6) Sono i tuoi guanti. Sono . . .
7) Sono i suoi calzoni. Sono . . .
8) E' la nostra lavagna. E' . . .
9) E' il suo vestito verde. E' . . .
10) E' la nostra camera. E' . . .
11) Sono i loro calzini. Sono . . .
12) Sono i nostri stivali. Sono . . .
13) E' la sua borsetta. E' . . .
14) E' il suo cane. E' . . .
15) E' il tuo cappello. E' . . .
16) E' la Sua cravatta. E' . . .
17) Sono i vostri libri. Sono . . .
18) E' la loro libreria. E' . . .
19) Sono le nostre sciarpe. . . .
20) E' il vostro portacenere. E' . . .

USE OF SOME ADJECTIVES

masculine	feminine	masculine	feminine
bello, bel (beautiful)	→ **bella**	**falso** (false)	→ **falsa**
grande, gran (big, great)	→ **grande**	**pazzo** (crazy)	→ **pazza**
		matto (mad)	→ **matta**
nuovo (new)	→ **nuova**	**sciocco** (silly)	→ **sciocca**
vecchio (old)	→ **vecchia**	**preferito**	→ **preferita**
felice (happy)	→ **felice**	(favourite)	
infelice (unhappy)	→ **infelice**	**schifoso** (shitty)	→ **schifosa**
asciutto (dry)	→ **asciutta**	**facile** (easy)	→ **facile**
gentile (kind)	→ **gentile**	**difficile** (difficult)	→ **difficile**
noioso (boring)	→ **noiosa**	**sensazionale**	→ **sensazionale**
caro (expensive)	→ **cara**	(super)	
sporco (dirty)	→ **sporca**	**amaro** (bitter)	→ **amara**
simpatico (nice)	→ **simpatica**	**intelligente**	→ **intelligente**
		(clever)	

fill in the adjectives:

una cravatta (nuovo) . . .
delle donne (gentile) . . .
il mio amico (preferito) . . .
delle gonne (vecchio) . . .
i suoi vestiti (nuovo) . . .
una camicia (bianco) . . .
una lezione (noioso) . . .
una donna (infelice) . . .
delle scarpe (nuovo) . . .
dei guanti (sporco) . . .
una borsetta (caro) . . .

un compito (difficile) . . .
dei lattanti (asciutto) . . .
la (primo) . . . lezione
dei gatti (nero) . . .
una ragazza (matto) . . .
un uomo (falso) . . .
una donna (grosso) . . .
un marmocchio (sciocco) . . .
un bimbo (felice) . . .
un camera (schifoso) . . .
una cravatta (bianco) . . .

put into the plural:

1) ⋅ Il nostro bambino è infelice.
2) Il tuo calzino è nero.
3) Il suo disco è sensazionale.
4) Il mio cappello è sopra il tavolo.
5) Questa via non è larga.
6) La loro camera è grande.
7) Questo tavolo è pesante.
8) La sua camicia è sporca.
9) Anche la mia cravatta è verde e gialla.
10) Questo albergo è caro.
11) E' il mio colore preferito.
12) E' una ragazza sciocca.

translate and put into the negative:

1) His gloves are small.
2) Her book is on the table.
3) My homework is easy.
4) Your new boots are dirty.
5) Her guy is crazy.
6) Their clothes are old.
7) Our sweaters are new.
8) This lesson's boring.
9) His new suit is black.
10) Our new shirts are beautiful.
11) Her blue skirt is expensive.
12) My slacks are dry.
13) Our blackboard is wide.
14) Their children are kind.
15) His vest is dirty.
16) Our slippers are red.

VOCABOLARIO

	traduzione	sinonimo-associato	contrario-associato
1. (un) vestito	/dress/suit	(una) gonna = skirt (una) camicetta = blouse	
2. /(una) camicia **/(una) cravatta**	/shirt/tie	(un) gilé = vest (una) giacca = jacket	
3. (dei) calzoni, **(dei) pantaloni**	slacks, trousers		
4. /(una) borsetta **/(un,dei) guanti** **/(una) sciarpa**	/handbag/gloves/scarf	(un) portafoglio = wallet	
5. Come si chiama?	What's your name?	Come ti chiami?	Mi chiamo . . . = My name is . . .
6. (un) maglione	sweater	(una) maglietta = teeshirt	
7. Che colore è?	What colour is it?	Di che colore è . . . ? = What's the colour of . . . ?	
8. Grazie mille	many thanks ≠ you're welcome	per favore = please	prego
9. (un, dei) vestiti	clothes, clothing		
10. guardare	to watch, look at		
11. (una) lavagna	blackboard	(un) gesso = chalk	
12. Che (cosa) c'è?	What's the matter?	Che cosa non va?	Va bene = It's OK
13. Non importa	it doesn't matter	non fa niente = never mind	
14. è tutto qui	that's all		
15. Capisce?	Do you understand? ≠ I don't understand	capito? = get it?	Non capisco
16. Che c'è di nuovo?	What's new? ≠ Nothing special		Niente di speciale
17. anche	also ≠ neither		neanche, neppure

19

LEZIONE 4

POSSESSION

L'ombrello di Giovanna.   Jane's umbrella

Gli ombrelli di Giovanna   Jane's umbrellas

Le macchine dei ragazzi   The boys' cars

note: — at last something easier in Italian than in English!
       — the Italians say: 'the umbrella of Jane', not 'Jane's umbrella'.

OF THE

di + il → **del**   **Il libro del ragazzo** = the boy's book

di + i → **dei**   **I libri dei ragazzi** = the boys' books

di + la → **della**   **La macchina della ragazza** = the
                                      girl's car.

di + le → **delle**   **Le macchine delle ragazze** = the
                                      girls' cars.

---

note: — di + lo → dello (dello studente); plural: degli (degli studenti).
       — before a vowel: dell' (e.g. dell'albergo).

translate:

1) Peter's eyes are green.
2) How do you spell it?
3) The girl's mouth is large.
4) The woman's teeth are white.
5) Wait a minute!
6) Jane's face is beautiful.
7) The girl's legs are thin.
8) The man's hands are behind me.
9) The guy's car is green.
10) Jane's uncle's umbrella is black.

Fill in the blank spaces, chosing from **del, dell', dello, dei, degli, della, delle.**

il libro . . . studente
le gonne . . . donne
i giorni . . . settimana
i libri . . . studenti
gli occhi . . . bambini
la bocca . . . donna
il piede . . . uomo
i mesi . . . anno
la testa . . . ragazzo
le mani . . . ragazza
il braccio . . . bambino
gli ombrelli . . . ragazze
le gambe . . . marmocchi

il naso . . . Giovanna
le dita . . . mano
le unghie . . . piede
gli anni . . . secoli
la finestra . . . stanza
le vetrine . . . vie
gli orecchi . . . cane
gli stivali . . . uomini
la camicia . . . ragazzo
il prezzo . . . giacca
la lezione . . . bambini
la macchina . . . tipo
la pioggia . . . pomeriggio

QUALE? QUALI? = WHICH? — (WHAT?)

masculine	feminine
Quale tipo? = Which guy?	**Quale donna?** = Which woman?
Quali tipi? = Which guys?	**Quali donne?** = Which women?

---

note: which one? = quale?

use the correct form of **quale**:

. . . uomo	. . . sedie
. . . libro	. . . orologio
. . . naso	. . . macchine
. . . secolo	. . . stivali
. . . donne	. . . borsetta
. . . ragazzo	. . . gonne
. . . occhi	. . . cappotti
. . . gatto	. . . vestiti
. . . finestre	. . . orecchi
. . . tipi	. . . gambe
. . . anni	. . . unghie
. . . mesi	. . . settimana
. . . ombrello	. . . sigarette
. . . cane	. . . accendino
. . . martedì	. . . giacche
. . . mani	. . . piedi
. . . studenti	. . . lezione

learn to say the alphabet:

A-B-C-D-E-F-G-H-I-L-M-N-O-P-Q-R-S-T-U-V-Z.

note: 21 letters only!

THIS = **QUESTO/QUESTA**	→	THESE = **QUESTI/QUESTE**
this boy = **questo ragazzo**	→	these boys = **questi ragazzi**
this girl = **questa ragazza**	→	these girls = **queste ragazze**

THAT = **QUEL/QUELLA**	→	THOSE = **QUEI/QUELLE**
that boy = **quel ragazzo**	→	those boys = **quei ragazzi**
that girl = **quella ragazza**	→	those girls = **quelle ragazze**

note: — before s followed by a consonant and before z, quel → quello:
     e.g. quello student = that student.
    — before a vowel → quell' (e.g. quell'albergo = that hotel).
    — the plural of both quello and quell' is quegli: quegli studenti = those students, quegli alberghi = those hotels.

put in the singular:
e.g. Questi libri sono i miei.
    – Questo libro è il mio.

1) Queste borsette sono sopra il tavolo.
2) Quelle gonne sono sotto le mie.
3) Questi vestiti sono piccoli per quei tipi.
4) Quei vestiti sono provocanti.
5) Questi orologi sono i miei e quelli sono i vostri.
6) Queste camicie sono le mie e quelle sono le vostre.
7) Quei libri sono lontani da Giovanna, ma questi sono vicini.
8) Quelle macchine sono nuove e care.
9) Quelle gatte sono dietro la porta, ma queste sono sotto il tavolo.
10) Quelle donne sono laggiù.
11) Questi tipi sono ricchi e quelli sono poveri.
12) Queste prime lezioni sono noiose e le ultime lezioni corte.
13) Quei visi sono belli.
14) Questi stivali sono nuovi e gli altri sono vecchi.

translate:

1) Those guys are weak.
2) Those gloves are new, but these are old.
3) This man is rich, the other is poor but good.
4) This chair isn't in that room.
5) This bag is behind the table.
6) This book is yours, that one is mine.
7) These cars are behind the hotel, but those are over there.
8) This woman is crazy but interesting.
9) Is that guy boring? – This one isn't.
10) Are those women rich? – These aren't.
11) That car is big, but this one isn't.
12) Which lessons are interesting? – Those.
13) Which kid is yours? – This one.

VOCABOLARIO

	traduzione	sinonimo-associato	contrario-associato
1. Vada avanti!	go on ≠wait a minute	Continui!	Aspetti un momento!
2. (un) prezzo	price		
3. Quanto costa?	How much is it?	Quant'è?	
4. (un) ombrello	umbrella	(la) pioggia = rain	
5. (un) giorno	day ≠night	(una) settimana = week	(una) notte
6. /(un)anno/ /(un) mese	/year/month	(un) secolo = century	
7. domenica	Sunday	lunedì, martedì, mercoledì, giovedì, venerdì, sabato	
8. /dove/con/in /quando	/where/with/in /when		
9. qui	here ≠there	qui vicino = near by	là, laggiù = over there
10. vicino (a)	near ≠far from		lontano (da)
11. davanti a	in front of ≠behind	di fronte a	dietro
12. su	on ≠under	sopra	sotto
13. a fianco di	next to		
14. /(una) testa /(un) braccio	/head/arm	viso = faccia = face, muso = kisser	
15. /(un) occhio, (gli) occhi /(un) naso	/eye(s)/nose	vedere = to see	
16. (un) orecchio	ear	sentire = to hear	
17. (una) mano	hand	toccare = to touch	(un) piede = foot, (una) gamba = leg
18. (una) bocca	mouth	baciare = to kiss	
19. (un) dente	tooth	(la) lingua = tongue	
20. (un) dito	finger ≠toe	(un') unghia = nail	(un) dito del piede
21. Come si scrive?	How do you spell it?		

LEZIONE 5

CHE ORA E'?	What time is it?
E' l'una.	It's one o'clock.
Sono le dieci.	It's ten o'clock.
Sono le dieci meno un quarto.	It's a quarter to ten.
Sono le dieci e un quarto.	It's a quarter past ten.
Sono le dieci e mezzo.	It's ten thirty.

C'E' = THERE IS	
C'E' UN UOMO QUI?	Is there a man here?
Sì, c'è un uomo qui.	Yes, there's a man here.
Sì, ce n'è uno.	Yes, there is (one).

CI SONO = THERE ARE	
CI SONO UOMINI QUI?	Are there men here?
Sì, ci sono uomini qui.	Yes, there are men here.
Sì, ce ne sono.	Yes, there are (some).
No, non ci sono uomini qui.	No, there aren't any men here.
No, non ce ne sono.	No, there aren't.

note: — ci (= there) becomes ce when followed by ne (= one, some).
 — ci and ne become c' and n' when followed by a vowel.

CHE?		=	WHAT? (WHICH?)	
	libro?			book?
Che	libri?		What	books?
	macchina?		(Which)	car?
	macchine?			cars?

note: che can be used instead of quale.

20 = venti		40 = quaranta	
21 = ventuno		50 = cinquanta	
22 = ventidue		60 = sessanta	
23 = ventitrè		70 = settanta	
24 = ventiquattro		80 = ottanta	
25 = venticinque		90 = novanta	
26 = ventisei		100 = cento	
27 = ventisette		101 = centouno	
28 = ventotto		200 = duecento	
29 = ventinove		1000 = mille	
30 = trenta		2000 = duemila	
31 = trentuno		10000 = diecimila	
32 = trentadue		1000000 = un milione	
38 = trentotto		2000000 = due milioni	

note: venti, trenta, quaranta . . . drop the final vowel in combining with uno or
        or otto.

THIS ONE? =	→	THAT ONE? =
QUESTO?/QUESTA?		**QUELLO?/QUELLA?**

— which man? < this one? / that one? → **quale uomo?** < **questo?** / **quello?**

— which woman? < this one? / that one? → **quale donna?** < **questa?** / **quella?**

translate:

1) Are there thirty hours in a day?
2) It's three-thirty.
3) Are these roads dangerous? Which ones are?
4) It's a quarter to twelve.
5) Are there taxis or buses in the evening? No, there aren't.
6) It's all the same to me.
7) Which ceiling is high? — This one.
8) Which bottle's full? — That one.
9) His bike's fast.
10) That road's dangerous.
11) Are there empty bottles on the table?
12) Are there bikes in this road?
13) There are three false teeth. Which are they?
14) It's a quarter past four.
15) Of course not!
16) What time is it? — It's ten o'clock.
17) Two guys are stupid. Which ones?
18) Is the candy sweet or sour?
19) What's your name? — My name's Peter.
20) This room is dirty but that one is clean.
21) Are today's lessons easy or difficult?
22) Is his girl pretty or ugly? — Which girl?
23) Are there safe planes in winter?
24) What kind of kids are they?
25) Are there twelve months in a year?
26) There are three pretty cars in this road. Which ones?
27) There is a full bottle under the table.
28) There's a boring lesson in this book. Which one?

CONTRARI (OPPOSITES) 2

1) **il gatto è <u>carino</u>/<u>bello</u>** ≠ **<u>brutto</u>**
   the cat's pretty ugly

2) **il cappotto è <u>sporco</u>** ≠ **<u>pulito</u>**
   the coat's dirty clean

3) **quell'uomo è <u>intelligente</u>** ≠ **<u>stupido</u>/<u>incapace</u>**
   that man's bright stupid

4) **la strada è <u>pericolosa</u>** ≠ **<u>sicura</u>**
   the road's dangerous safe

5) **le lezioni sono <u>facili</u>** ≠ **<u>difficili</u>**
   the lessons are easy difficult

6) **la riga è <u>lunga</u>** ≠ **<u>corta</u>**
   the ruler's long short

7) **la mia bicicletta è <u>veloce</u>** ≠ **<u>lenta</u>**
   my bike's fast slow

8) **la stanza è <u>fredda</u>** ≠ **<u>calda</u>**
   the room's cold hot

9) **la bottiglia è <u>vuota</u>** ≠ **<u>piena</u>**
   the bottle's empty full

10) **la caramella è <u>dolce</u>** ≠ **<u>acida</u>/<u>amara</u>**
    the candy's sweet sour/bitter

11) **il soffitto è <u>alto</u>** ≠ **<u>basso</u>**
    the ceiling's high low

12) **la nostra lezione è <u>interessante</u>** ≠ **<u>noiosa</u>/<u>barbosa</u>**
    our lesson is interesting boring/dull

VOCABOLARIO

	traduzione	sinonimo-associato	contrario-associato
1. a mezzogiorno	at noon ≠ at midnight		a mezzanotte
2. di mattina	in the morning ≠ at night	di pomeriggio = in the afternoon	di sera = in the evening
3. /(un') estate/ /(una) primavera /(una) stagione	/summer/spring /season	(un) inverno = winter, (un) autunno = fall	
4. Quanti(e)?	How many?		
5. /(un) genere /(un) modo	/kind/way	(una) specie = sort	
6. oggi	today	domani = tomorrow	ieri = yesterday
7. per me fa lo stesso	I don't care, it's all the same to me		
8. andare	to go ≠ to come	andarsene = to go away, partire = to leave, uscire = to go out	venire, restare = to stay
9. (un') ora	hour	(una) mezz'ora = half an hour	
10. (un) secondo	second	(un) minuto = minute	un momento = a while
11. gennaio	January, etc.	febbraio, marzo, aprile, maggio, giugno, luglio, agosto, settembre, ottobre, novembre, dicembre	
12. /(una) macchina /(un) aereo/(un) battello/(un) treno/(un) tassì	/car/plane/boat /train/taxi	(un) autobus = bus, (una) metropolitana = subway, (una) stazione = station	
13. domandare	to ask ≠ to answer	fare una domanda = to ask a question	rispondere, (una) risposta = answer
14. va bene	all right		non va bene
15. senz'altro	of course ≠ of course not	certo	nemmeno per sogno
16. matto	crazy, mad	stravagante, strano, pazzo	

LEZIONE 6

ESSERE = TO BE				
(io) **sono**	I am	**non sono**	I'm not	
(tu) **sei**	you are	**non sei**	you aren't	
(egli) (ella) **è** (Lei)	{ he she is you are	**non è**	{ he she isn't you aren't	
(noi) **siamo**	we are	**non siamo**	we aren't	
(voi) **siete**	you are	**non siete**	you aren't	
(essi) (esse) **sono** (Loro)	{ they are you are	**non sono**	{ they aren't you aren't	

note: — the subject pronouns are usually left out in conversation unless emphasis is desired.
— tu is for friends and lovers.
— the plural of tu is voi.
— you always write Lei and Loro with capitals.
— the present in Italian can also translate our present perfect, e.g. I've been here for two years = sono qui da due anni.

E' AMERICANO?	Are you American?
Sì, sono americano.	Yes, I'm American.
No, non sono americano.	No, I'm not American.

translate:

1) I'm not dirty. Are you?
2) That man's a doctor.
3) What does it mean?
4) The businessman's rich and fat.
5) Do you think so?
6) He isn't French, but you are.
7) We aren't happy.
8) Either one.

put in the negative:
e.g. Sono troppo gentile.
    — Non sono troppo gentile.

1) E' uno sporco poliziotto.
2) Giovanni è un padrone abbastanza gentile.
3) Siete studenti molto interessanti.
4) Gli uomini d'affari sono troppo ricchi.
5) Il problema è troppo difficile.
6) Questo lavoro è molto lungo.
7) Il mio lavoro è noioso.
8) L'avvocato è americano.
9) E' molto violenta.
10) I professori di quest'anno sono barbosi.
11) I giorni in dicembre sono corti.
12) Peccato!
13) I battelli sono veloci.
14) La bottiglia è vuota.
15) La stanza è sporca.
16) Siamo interessanti.
17) Il film è amaro.
18) E' brutta.
19) E' dietro la porta.
20) Sono la segretaria del direttore.

```
┌─────────────────────────────────────────────────────────────────┐
│ ANCHE – NEANCHE          =    TOO, ALSO – EITHER, NEITHER        │
│                                                                   │
│ E' carina, anch'io.            She's pretty and I am too.         │
│ Non è carina, neanch'io.       She isn't pretty and I'm not either.│
└─────────────────────────────────────────────────────────────────┘
```

```
┌─────────────────────────────────────────────────────────────────┐
│ E' ricca, anch'io              (me too)                          │
│            anche tu            (you too)                          │
│            anche lui           (he too)                          │
│            anche lei           (she too)                         │
│            anche Lei           (you too)                         │
│            anche noi           (we too)                          │
│            anche voi           (you too)                         │
│            anche loro          (they too)                        │
│            anche Loro          (you too)                         │
└─────────────────────────────────────────────────────────────────┘
```

translate, then put in the negative:
e.g. I'm Italian and he is too.
    – Sono italiano, anche lui.
    – Non sono italiano, neanche lui.

1) The boss is nice and I am too.
2) The student is boring and you are too.
3) The businessman is rich and you are too.
4) The secretary is bright and her guy is too.
5) I'm kind and so are you.
6) The office is far away and the subway is too.
7) My boss is big and his secretary is too.
8) The hospital is near and the school is too.
9) They're businesswomen and so are we.
10) You're students and we are too.
11) You're shitty and so are they.
12) Your problems are easy and so are mine.
13) Her bottle is empty and mine is too.
14) Your cat's pretty and so is ours.
15) This room is dirty and so is that one.
16) His bike is fast and so is mine.
17) Winter is cold and autumn is too.
18) The teacher's boring and you are too.
19) My guy's ugly and so is yours.
20) I'm strong and so are they.

```
FA = IT'S

fa bel tempo      = it's nice out
fa freddo/caldo  = it's cold/hot

FA BEL TEMPO?

Sì, fa bel tempo.
No, non fa bel tempo.
```

note: <u>fa</u> for weather.

```
E' = IT'S

E' interessante              it's interesting
E' noioso                    it's boring
E' simpatico                 it's nice
E' presto/tardi              it's early/late
E' caro/a buon mercato       it's expensive/cheap
E' certo che                 it's certain that
E' necessario                it's necessary, a must
E' facile/difficile          it's easy/difficult
E' vero                      it's true
```

translate:

1) It's nice out today.
2) It's too late to go.
3) It's boring.
4) It's cold.
5) It's too early.
6) It's nice.
7) It's very expensive.
8) It's interesting.
9) It's hot.
10) It's cheap.

VOCABOLARIO

	traduzione	sinonimo-associato	contrario-associato
1. Mi piacerebbe presentarLe . . .	I'd like you to meet . . .		piacere = pleased to meet you
2. /chi?/quale?	/who?/which?	che = that, who	
3. /(un) dottore /(un) avvocato /(un) testimone	/doctor/lawyer /witness	ospedale = hospital infermiera = nurse	
4. /(un) uomo d'affari/gli affari	/businessman /business	(una) donna d'affari = businesswoman	
5. /(uno) studente, /una) studentessa /(una) scuola	/student/school	(un) alunno, (un') alunna = pupil	(un) professore, (una) professoressa = teacher
6. (un) poliziotto	cop, policeman	(un) vigile = traffic policeman	
7. /(un) capufficio /(un) ufficio	/boss/office	(un) padrone = employer, (un) capo = chief, (un) direttore = director	
8. troppo	too much ≠ not enough	abbastanza = enough	poco
9. soprattutto	above all		
10. (un) problema	problem	(delle) preoccupazioni = worries	
11. (un) lavoro	work	(un') occupazione, (un) posto = job	
12. /lo la penso così /penso di sì	/that's what I think /I think so	Spero bene = I would hope so	Lei trova? = Do you think so?
13. o l'uno o l'altro	either (one) ≠ neither (one)		né l'uno né l'altro
14. che significa?	what does it mean?	(un) significato = meaning	
15. (un) cinema	cinema (movies)	(un) film = film	
16. (un, una) segretario(a)	secretary	(un, una) dattilografo(a) = typist	
17. peccato!	it's a pity! ≠ thank heaven!		grazie al cielo!

LEZIONE 7

AVERE = TO HAVE

ho	I have	**non ho**	I don't have
hai	you have	**non hai**	you don't have
ha	{ he she has you have	**non ha**	{ he she doesn't have you don't have
abbiamo	we have	**non abbiamo**	we don't have
avete	you have	**non avete**	you don't have
hanno	{ they have you have	**non hanno**	{ they don't have you don't have

note: remember the Italian present can also be our present perfect
e.g. I've had my car for five years = ho la macchina da cinque anni.

HA UNA SIGARETTA? Do you have a cigarette?

Sì, ho una sigaretta. Yes, I have a cigarette.
No, non ho una sigaretta. No, I don't have a cigarette.

```
┌──────────────────────────────────────────────────────────────────┐
│  SPECIAL NEGATIVES                                                 │
│                                                                    │
│  NON . . . NIENTE        =    NOTHING, ANYTHING                    │
│  Non ho niente.               I have nothing/I don't have anything.│
│                                                                    │
│  NON . . . PIU'          =    NOT ANY MORE, NOT ANY LONGER         │
│  Non ha più la macchina.      He(she) doesn't have a car any more. │
│                                                                    │
│  NON . . . NESSUNO       =    NOT ANYONE, ANYBODY, NOBODY          │
│  Non c'è nessuno.             There isn't anyone.                  │
│                                                                    │
│  NON . . . MAI           =    NEVER, NOT EVER                      │
│  Non è mai qui.               He(she) isn't ever here/He(she) is never │
│                               here.                                │
│                                                                    │
│  NON . . . ANCORA        =    NOT YET                              │
│  Non è ancora giugno          It isn't June yet.                   │
└──────────────────────────────────────────────────────────────────┘
```

note: — these special negatives are rather tricky but extremely important
in the spoken language (they can be used with any verb).

— He is still here = è $\frac{\text{ancora}}{\text{sempre}}$ qui.

translate and then put in the interrogative:

1) Soprattutto non abbiamo tempo oggi.
2) Non è più qui da due mesi.
3) Non avete mai molto denaro.
4) Non c'è nessuno nella stanza.
5) Non ha niente d'interessante.
6) Non sono ancora qui.
7) Non abbiamo ancora due macchine.
8) Non abbiamo mai problemi.
9) Non ho più niente.
10) Non è mai in ufficio.

translate:

1) She's still in Rome./She isn't in Rome any more.
2) We still have a lot of time./We don't have a lot of time any more.
3) The boss still has a secretary./The boss doesn't have a secretary any more.
4) He still hasn't anything./He doesn't have anything any more.
5) They are still young./They aren't young any more.

translate, then put in the interrogative:

1) He hasn't any more work this month.
2) There isn't anyone in the room.
3) She has only two skirts.
4) He is never here on Sundays.
5) We don't have anything interesting.
6) She isn't here yet.
7) She's still in Italy.
8) We don't have the time any more.
9) We still have a lot of work.
10) You only have one car.
11) He's already the boss.
12) His film is more or less shitty.
13) They aren't usually here early.
14) We've had our car for a year.
15) They have only two kids.
16) He never has a job.
17) We have only one teacher.
18) The kids are never at home in the afternoon.
19) I have only two cigarettes.
20) There isn't anybody.

AVERE		TO BE
avere fame	=	to be hungry
avere sete	=	to be thirsty
avere . . . anni	=	to be . . . years old
avere sono	=	to be sleepy
avere freddo	=	to be cold
avere caldo	=	to be hot
avere paura	=	to be afraid
avere torto	=	to be wrong
avere ragione	=	to be right
avere successo	=	to be successful
avere bisogno di	=	to be in need of
avere fretta	=	to be in a hurry
avere vergogna	=	to be ashamed

translate:

1) The teacher isn't always right.
2) The businessman is already successful.
3) I'm not hungry but I'm thirsty.
4) In any case, I'm afraid.
5) You aren't right.
6) We never have any money.
7) She's fifteen years old.
8) I'm often cold in the winter and hot in the summer.
9) She's rarely sleepy.
10) The boss's secretary is never wrong.
11) I'm never in a hurry.
12) They are ashamed of their house.

1. **a causa di**	because of	17. **almeno**	at least
2. **di rado**	rarely	18. **. . . fa**	. . . ago
3. **spesso**	often	19. **– una volta**	– once
4. **quasi**	– almost – nearly	**– una volta alla settimana**	– once a week
5. **in ogni modo**	– at any rate – in any case	20. **già**	already
		21. **non . . . più**	not . . . any more
6. **appena**	– scarcely – hardly	22. **senza**	without
7. **fino a**	until, till	23. **tranne**	except
8. **di solito**	usually	24. **tutti e due, tutte e due**	both
9. **il giorno in cui**	the day when		
10. **mai**	never, ever	25. **insieme, assieme,**	together
11. **sempre**	always		
12. **più o meno**	more or less	26. **– solo – solamente**	only
13. **in punto**	on the dot (time)	27. **contemporanea- mente**	at the same time
14. **molto ≠ un poco**	much, very – a little, a bit	28. **– dove? –da dove?**	– where? – where from?
15. **abbastanza**	enough	29. **– ancora una volta**	– once more
16. **nel caso in cui**	in case	**– un'altra volta**	– again

VOCABOLARIO

	traduzione	sinonimo-associato	contrario-associato
1. e Lei?	what about you?		
2. /piovere/(una) pioggia	/to rain/rain	piovere a scrosci = to pour	
3. nevicare	to snow	(una) neve = snow	
4. il tempo	the weather	note: non ho tempo = I don't have the time	
5. una volta	once	due volte = twice	
6. studiare	to study	imparare = to learn	
7. /(il) sole/(la) luna	/sun/moon	c'è il sole = it's sunny	(un') ombra = shade, (una) nuvola = cloud
8. molto	much ≠ a little, a bit	un mucchio di, la maggior parte di = most of	un pochino
9. /(un) temporale /(un) vento	/storm/wind		fa bel tempo = it's nice out
10. /vestirsi/lavarsi	/to get dressed /to get washed		svestirsi = to get undressed
11. andare a letto	to go to bed ≠ to get up		alzarsi, svegliarsi = to wake up
12. (una) cosa	thing	(la) roba = stuff	
13. ho fretta	I'm in a hurry ≠ not in a hurry	to run = correre	ho tempo
14. fumare	to smoke		
15. /mangiare/bere	/to eat/to drink	una bibita, una bevanda = a drink	
16. fare spese	to go shopping	(delle) commissioni = errands	
17. /a scuola/al lavoro/a casa/all'albergo /alle otto di sera/a Roma/alla stazione /all'aeroporto	/at school/at work/at home/at the hotel /at 8 p.m./in Rome/at the station /at the airport		
18. /qualcuno /qualche cosa	/somebody, anybody ≠ nobody/something, anything ≠ nothing		nessuno = nobody, niente = nothing

LEZIONE 8

There are three groups of verbs in Italian: '-ARE', '-ERE', '-IRE'.

PRESENT VERBS IN '-ARE': PARLARE

parlo	I speak/am speaking	**non parlo**	I don't speak/ I'm not speaking
parli	you speak	**non parli**	you don't speak
parla	he speaks she speaks you speak	**non parla**	{ he she doesn't speak you don't speak
parliamo	we speak	**non parliamo**	we don't speak
parlate	you speak	**non parlate**	you don't speak
parlano	they you speak	**non parlano**	{ they you don't speak

---

note: — the above endings are added to the stem of the verb.
— the Italian present is for: 1) an action one is doing now:
parlo ora = I'm speaking now.
2) a repeated action:
parla spesso = he(she) often speaks.
3) an action started in the past that still
goes on (our present perfect): parlate
da un'ora = you have been speaking
for an hour.
— the use of si with the third person (singular or plural) is extremely
frequent. It can be translated by one, we, you or they e.g. si parla
italiano = we speak Italian (Italian spoken).

PARLA SPESSO INGLESE?	Do you often speak English?
Sì, parlo spesso inglese.	Yes, I often speak English.
No, non parlo spesso inglese.	No, I don't often speak English.

SOME REGULAR '-ARE' VERBS

aspettare = to wait (for)
chiamare = to call
cominciare = to begin
comprare = to buy
consegnare = to hand
contare = to count
firmare = to sign
fumare = to smoke
gettare = to throw
giocare = to play (a game)
imbucare = to post

incontrare = to meet
lavorare = to work
mandare (a) = to send (to)
mangiare = to eat
pensare (a) = to think (of)
portare = to bring, to carry
progettare = to plan
riposare = to rest
sperare (di) = to hope
suonare = to play (an instrument)
trovare = to find

SOME IRREGULAR VERBS = VERBI IRREGOLARI

andare = to go	**dare** = to give	**stare** = to stay, to be, to live	**fare** = to do, to make
vado = I go	do = I give	sto = I stay	faccio = I do
vai	dai	stai	fai
va	dà	sta	fa
andiamo	diamo	stiamo	facciamo
andate	date	state	fate
vanno	danno	stanno	fanno

translate:

1) We don't often speak Italian.
2) Does she usually go to the movies on Sundays?
3) Do they often work together with the boss?
4) Whose turn is it?
5) We're eating.
6) He doesn't listen to John any more.
7) You've been speaking for an hour.
8) I'm at last beginning this work.

put in the negative:

1) Mi piace molto la tua gonna.
2) Lavoriamo spesso molto il lunedì.
3) Compri un vestito nuovo.
4) Lavori presto la mattina.
5) Ascoltate più o meno il professore.
6) Gli studenti fanno domande stupide.
7) Quel bambino gioca senza parlare.
8) Cominciamo in orario oggi.
9) Mostrate il compito al professore.
10) Vanno in ufficio tutti i giorni.
11) Giovanni dà una penna a Maria.
12) Stiamo tutti bene.
13) Sgobbiamo anche la domenica.
14) Aiuta spesso suo fratello a fare il compito.
15) Studiate da un'ora.
16) Oggi lavoriamo.
17) Sgobbo a Roma da un anno.
18) Ascoltate il professore.
19) Si spera di venire presto.
20) La macchina va bene.
21) Il capufficio chiama la sua segretaria e poi firma.
22) Speriamo di incontrare il direttore.

non ... più	non parla più	= he doesn't speak any more
non ... mai	non parla mai	= he never speaks
non ... ancora	non è ancora qui	= he isn't here yet
ancora, sempre	parla ancora/sempre	= he's still speaking
non ... niente	non mi dà niente	= he doesn't give me anything
non ... nessuno	non parla a nessuno	= he isn't speaking to anyone
non ... affatto	non parla affatto	= he doesn't speak at all

translate:

1) We still work early in the morning.
2) The bastard doesn't speak to anyone.
3) He never listens to John.
4) You're eating too much.
5) You've been eating for an hour.
6) She only speaks English.
7) We wish to go with Mary.
8) You've been smoking for an hour.
9) They're working with the boss.
10) He's still studying Italian.
11) He's been studying Italian for three years.
12) I adore my guy.
13) We never go to the movies at night.
14) They only go to the movies once a month.
15) I often go for a walk in the evening.
16) I'm sending the money today.
17) He doesn't smoke at all.
18) She's still eating.
19) They hope to go with John.
20) We're thinking of you.
21) I love Mary.
22) She only buys green sweaters.

```
CHI? = WHO? — (WHOM?)          CHE? — CHE COSA? = WHAT?

Chi parla?   = Who's speaking   Che mangia?   = What are you
                                                eating?
Chi aspetta? = Who are you       Che fa?       = What are you
                 waiting for?                    doing?
```

translate:

1) What are you smoking?
2) Who's working?
3) What is she buying?
4) What do you hope to do?
5) Who's talking with your sister?
6) Who do you love?
7) What are you waiting for?

```
A + . . . = TO

a + il = al    Parlo al ragazzo      = I speak/am speaking to the boy.

a + i = ai     Parlo ai ragazzi      = I speak/am speaking to the boys.

a + la = alla  Parlo alla ragazza    = I'm speaking to the girl.

a + le = alle  Parlo alle ragazze    = I'm speaking to the girls.
```

note: — a + lo = allo (allo students), a + l' = all' (all'amico), a + gli = agli
          (agli studenti).
       — careful: with verbs of movement you use da when one goes to
          someone's, e.g. vado da mio padre = I'm going to my father's.

fill in:

1) Il professore parla . . . alunni.
2) Io penso . . . voi.
3) Mostriamo la neve . . . bambini.
4) Manda un libro . . . segretaria del capufficio.
5) Giovanna dà un ombrello . . . ragazze.

VOCABOLARIO

	traduzione	sinonimo-associato	contrario-associato
1. ogni (giorno)	every(day), each	tutti i giorni, ognuno = everyone	all = tutto, tutti
2. /nel mio ufficio /nella mia stanza	/in my office /in my room	tra un'ora = in an hour	
3. certo	certain, sure	sicuro	dubbio = doubtful
4. forse	perhaps, may be	chissà	
5. volere	to want	desiderare, augurare = to wish	
6. amare	to love ≠ to hate	adorare = to adore, andare pazzo per = to be crazy about	odiare, non sopporto = I can't stand
7. mi piace	I like ≠ I don't like		non mi piace
8. mi dispiace	I'm sorry	excuse me	
9. mostrare a	to show to	(una) mostra = show, display	
10. ascoltare	to listen to		
11. telefonare a	to call (phone)		
12. aspettare	to wait for	L'aspetto = I'm waiting for you	
13. lavorare	to work	sgobbare = to work hard	non far niente = to do nothing
14. il dolce far niente!	it's a good life!		
15. in orario	on time ≠ late	presto = early	in ritardo, tardi
16. felice	happy ≠ sad	contento = glad	infelice, triste
17. mascalzone	bastard ≠ bitch		vacca
18. la fine	the end ≠ the beginning		il principio
19. interessante	interesting ≠ boring	appassionante	noioso, barboso
20. a chi tocca?	Whose turn is it?		
21. aiutare	to help	aiuto! = help!	
22. camminare	to walk	andare a passeggio = to go for a walk	
23. prima (di)	before ≠ after		poi, dopo (di)

LEZIONE 9

PRESENT VERBS IN '-ERE' : VENDERE

vendo	I sell/am selling	**non vendo**	I don't sell/ am not selling
vendi	you sell	**non vendi**	you don't sell
vende	he sells she sells you sell	**non vende**	he she doesn't sell you don't sell
vendiamo	we sell	**non vendiamo**	we don't sell
vendete	you sell	**non vendete**	you don't sell
vendono	they you sell	**non vendono**	they you don't sell

note: remember: the Italian present is also for a past action which still goes on, e.g. I've been selling cars for ten years = vendo macchine da dieci anni.

SCRIVE SPESSO LETTERE?   Do you write letters often?

Sì, scrivo spesso lettere.   Yes, I write letters often.
No, non scrivo spesso lettere.   No, I don't write letters often.

translate:

1) Are you writing a letter?
2) He's reading a book.
3) What are you seeing at the movies?
4) Do you take some bread and butter?
5) Are you laughing or not?
6) He's answering the telephone.

SOME REGULAR 'ERE' VERBS

ammettere = to admit
battere = to beat
chiudere = to close
correre = to run
credere = to believe
insistere = to insist
leggere = to read
mettere = to put
prendere = to take

ricevere = to receive
ridere (di) = to laugh (at)
ripetere = to repeat
rispondere (a) = to answer
scrivere = to write
temere = to fear
vedere = to see
vendere = to sell
vivere = to live

SOME IRREGULAR VERBS

bere = to drink	**dovere** = must	**tenere** = to keep	**ottenere** = to get	**piacere** = to please
bevo	devo	tengo	ottengo	piaccio
bevi	devi	tieni	ottieni	piaci
beve	deve	tiene	ottiene	piace
beviamo	dobbiamo	teniamo	otteniamo	piacciamo
bevete	dovete	tenete	ottenete	piacete
bevono	devono	tengono	ottengono	piacciono

potere = can	**proporre** = to suggest	**raccogliere** = to collect	**rimanere** = to remain	**scegliere** = to choose
posso	propongo	raccolgo	rimango	scelgo
puoi	proponi	raccogli	rimani	scegli
può	propone	raccoglie	rimane	sceglie
possiamo	proponiamo	raccogliamo	rimaniamo	scegliamo
potete	proponete	raccogliete	rimanete	scegliete
possono	propongono	raccolgono	rimangono	scelgono

seder(si) = to sit down	**sapere** = to know (how to)	**tacere** = to keep silent	**valere** = to be worth	**volere** = to want
mi siedo	so	taccio	valgo	voglio
ti siedi	sai	taci	vali	vuoi
si siede	sa	tace	vale	vuole
ci sediamo	sappiamo	tacciamo	valiamo	vogliamo
vi sedete	sapete	tacete	valete	volete
si siedono	sanno	tacciono	valgono	vogliono

l'uomo che è là =
the man who's there

l'uomo che vedo =
the man I see

la macchina che è nella strada =
the car which is in the road

il libro che leggete =
the book (which) you're reading

il prezzo che paghiamo =
the price (that) we pay

il prezzo che vogliono =
the price (that) they want

translate:

1) It's only worth a little.
2) I see only one man who's eating.
3) We never do interesting work.
4) They don't live in New York any more.
5) She isn't buying anything.
6) We've been eating for an hour.
7) We're having [taking] a steak today.
8) She's been reading the book for a week.
9) He doesn't drink any more.
10) We're taking Italian lessons this year.
11) He only sells cars.
12) He's been selling cars for five years.
13) A cup of coffee, please!
14) Men who work too much are unhappy.
15) The car which you're buying is too expensive.

revision/ripetizione

I don't live there any more.	Non vivo più là.
I don't sell anything.	Non vendo niente.
I only sell cars.	Vendo solo macchine.
We never live together.	Non viviamo mai assieme.
I don't see anybody.	Non vedo nessuno.

SI PUO' IMPARARE PRESTO L'ITALIANO?
Can one learn Italian quickly?

Sì, si può imparare presto.   Yes, you can learn it quickly.
No, non si può imparare presto.   No, you can't learn it quickly.

SI POSSONO VEDERE FILM AMERICANI IN ITALIA?
Can one see American films in Italy?

Sì, si possono vedere.   Yes, you can.
No, non si possono vedere.   No, you can't.

---

note: — don't forget the importance of si with the third person of a verb, singular or plural. It can be translated by one, we, you or they.
      — in negative sentences non is placed before si.

translate:

1) Non si vede niente.
2) Non si vendono più.panini qui.
3) Non si mangiano patate in Italia.
4) Non voglio più rispondere a questa domanda.
5) Il cameriere non vuole più lavorare.
6) Voglio solo un caffè.
7) Non ottengo mai niente.
8) Non vedo nessuno.

BISOGNA MANGIARE!

It's necessary to
You must ——eat!
You have to

DOVERE = TO HAVE TO, MUST

devo	I have to/must	**dobbiamo**	we have to/must
devi	you have to/must	**dovete**	you have to/must
deve	{ he she has to/must you have to/must	**devono**	{ they have to/must you have to/must

---

translate:

1) Devi riposare un poco!
2) Dobbiamo andare ora.
3) Deve mangiare qualche cosa!
4) Dovete scrivere al direttore.
5) Devono prendere il treno delle sette e un quarto.
6) Bisogna bere acqua ogni giorno.
7) Bisogna telefonare al signor Bianchi tra un'ora.
8) We have to see that movie.
9) They have to eat in the restaurant in spite of the price.
10) I must ask a question.
11) Do you have to go now?
12) You don't have to speak to Mary.
13) Is the cooking good in this restaurant?
14) Can I have the menu, please?
15) Instead of a meal, I'm eating a sandwich.
16) They never take the underground (subway) on Saturdays.

VOCABOLARIO

	traduzione	sinonimo-associato	contrario-associato
1. caro	expensive ≠ cheap	di valore = valuable	a buon mercato
2. parlare a	to speak to		
3. /-a piedi/-in vacanza/-alla radio	/-on foot/-on vacation /-on the radio	con la metropolitana = by underground (US subway)	
4. ora	now, at present	in questo momento, al momento = for the time being	ora no = not now, subito = at once
5. per	for, to		
6. (un) pasto	meal	(un) panino = sandwich	
7. /(una) prima colazione,/(una) colazione, (un) pranzo	/breakfast/lunch	l'ora di colazione, l'ora di pranzo = = lunchtime, cena = dinner	
8. assaggiare	to taste	si serva = help yourself	
9. /(un) coltello /(una) forchetta /(un) cucchiaio /(un) tovagliolo	/knife/fork/spoon /napkin	(un) cucchiaino da caffè = coffee spoon	
10. bisogna che io . . .	I have to . . .	devo = I must	
11. dire	to say	raccontare = to tell	
12. (un) ristorante	restaurant	(una) lista del giorno = menu	
13. /comandare /(un) cameriere	/to order/waiter	(una) cameriera = waitress	
14. /(una) tazza/(un) bicchiere/l'acqua /(una) brocca d'acqua	/cup/glass/water /a jug of water	acqua del rubinetto = tap water, (un) piattino = saucer, (una) bottiglia = bottle	
15. /pane/burro	/(some) bread/butter	pane tostato = toast	
16. (una) carne	meat	(una) bistecca = steak	
17. (un) piatto	plate, dish		
18. Is the cooking good?	Si mangia bene?		

LEZIONE 10

PRESENT VERBS IN '-IRE': PARTIRE

part<u>o</u>	I leave/am leaving	**<u>non</u> part<u>o</u>**	I don't leave/ am not leaving
part<u>i</u>	you leave	**<u>non</u> parti**	you don't leave
part<u>e</u>	{ he she leaves you leave	**<u>non</u> part<u>e</u>**	{ he she doesn't leave you don't leave
part<u>iamo</u>	we leave	**<u>non</u> partiamo**	we don't leave
part<u>ite</u>	you leave	**<u>non</u> part<u>ite</u>**	you don't leave
part<u>ono</u>	they you leave	**<u>non</u> part<u>ono</u>**	they you don't leave

note: remember the use of the Italian present for an action started in the past and still going on, e.g. dorme da ieri sera = he's been sleeping since last night.

DORME MOLTO?	Do you sleep a lot?
Sì, <u>dormo</u> molto.	Yes, I sleep a lot.
No, <u>non dormo</u> molto.	No, I don't sleep a lot.

SOME REGULAR 'IRE' VERBS

aprire = to open
avvertire = to warn
coprire = to cover
divertir (si) = to amuse (oneself)
dormire = to sleep
fuggire = to run away
mentire = to lie

offrire = to offer
punire = to punish
scoprire = to discover
seguire = to follow
sentire = to hear
servire = to serve
vestir(si) = to get dressed

IRREGULAR VERBS WHICH ADD 'ISC'
(except for noi and voi)

FINIRE			
finisco	I finish/am finishing	**non finisco**	I don't finish/ am not finishing
finisci	you finish	**non finisci**	you don't finish
finisce	he she finishes you finish	**non finisce**	he she doesn't finish you don't finish
finiamo	we finish	**non finiamo**	we don't finish
finite	you finish	**non finite**	you don't finish
finiscono	they you finish	**non finiscono**	they you don't finish

note: same thing for:
capire = to understand; preferire = to prefer; ubbidire = to obey;
pulire = to clean; costruire = to build; proibire = to forbid;
spedire = to send; punire = to punish.

SI FINISCE TARDI OGNI GIORNO? Do you finish late every day?

Sì, si finisce tardi ogni giorno.   Yes, we finish late every day.
No, non si finisce tardi ogni giorno.   No, we don't finish late every day.

OTHER IRREGULAR VERBS

dire = to say	**salire** = to go up	**uscire** = to go out	**venire** to come
dico	salgo	esco	vengo
dici	sali	esci	vieni
dice	sale	esce	viene
diciamo	saliamo	usciamo	veniamo
dite	salite	uscite	venite
dicono	salgono	escono	vengono

VERBS OF MOVEMENT + DA

DA + . . . = FROM/TO

da + il = dal   **Vengo dal ristorante**= I'm coming from the restaurant.

da + i = dai   **Andiamo dai vicini** = We're going to the neighbours.

da + la = dalla **Viene dalla Francia** = It comes from France.

da + le = dalle **Vanno dalle zie**   = They're going to see their aunts.

note: da + lo = dallo (dallo studente), da + l' = dall' (dall'amico),
       da + gli = dagli (dagli amici).

translate:

1)   Do you hear anyone?
2)   Why aren't you saying anything?
3)   I sleep from time to time in the afternoon.
4)   The children aren't sleeping yet.
5)   She never understands the first time.
6)   He never comes.
7)   She's choosing from the menu.
8)   I prefer wine, do you?
9)   They don't understand anything.
10)   Before going out we have to pay the bill.
11)   We're coming from the station.
12)   Do we have to leave?
13)   They're building new houses near Rome.
14)   I'm working a lot in order to finish early.

AVVERBI E LOCUZIONI (ADVERBS AND PHRASES) 2

1. **solo, sola, soli, sole**	alone	16. **— sul punto di** **— in procinto di**	— about to
2. **circa**	about, around	17. **anche prima**	even before
3. **tra**	— between — in (time)	18. **improvvisamente**	— all of a sudden — suddenly
4. **finalmente**	at last	19. **d'altra parte**	on the other hand
5. **nel frattempo**	in the meantime	20. **— subito** **— immediata-** **mente**	— at once — immediately
6. **forse**	perhaps		
7. **malgrado**	in spite of	21. **altrimenti**	otherwise
8. **invece di**	instead of	22. **verso**	towards
9. **di quando in quando**	from time to time	23. **— affinchè** **— perchè**	so that
10. **— a tempo** **— in orario**	on time	24. **— per prima cosa** **— dapprima**	at first
11. **— così** **— allora** **— e poi**	— thus — so — therefore	25. **— non ancora** **— già**	— not yet — already
12. **tuttavia**	however	26. **al più presto possibile**	as soon as possible
13. **— benchè** **— sebbene**	— although	27. **in qualche modo**	in some way
14. **esattamente**	exactly	28. **la prima volta**	the first time
15. **— per** **— al fine di**	— to — in order to		

VOCABOLARIO

	traduzione	sinonimo-associato	contrario-associato
1. scoppio	I've had enough ≠ I'm hungry	sono pieno = I'm full	ho fame, sono affamato, muoio di fame = starving
2. (il) sale	salt	(una, delle) spezie = spices	(il) pepe = pepper
3. /(un) pollo /(un) vitello	/chicken/veal		
4. al sangue	rare ≠ well done	molto al sangue = very rare	ben cotto, cotto a puntino = medium
5. /(un) agnello /(un) pesce	/lamb/fish	frutti di mare = seafood	
6. (una) patata	potato	(delle) patatine fritte = French fries	
7. (una) minestra	soup	(una) zuppa	
8. /(una) lattuga /(un) pomodoro	/lettuce/tomato	(un') insalata = salad	
9. Quant'è? /(il) prezzo	/How much is it? /price	Quanto costa?	gratuito = free
10. /(un) dolce /(la) frutta	/cake/dessert	(un) gelato = ice cream, (un) aroma = flavour	
11. /(un) conto /(una) mancia	/bill/tip	servizio compreso = tip included	
12. /(il) tè /(il) caffè	/tea/coffee	(il) latte = milk, (il) cappuccino = coffee with milk, (lo) zucchero = sugar	
13. (delle) uova con pancetta	eggs and bacon	(il) prosciutto = ham	
14. (un) formaggio	cheese	(il) vino = wine	
15. /(la) verdura /(un, dei) piselli	vegetables/peas	(una, delle) carote = carrots, dei fagiolini = runner (US string) beans	
16. Che cosa Le piacerebbe?	What would you care for?	Di che cosa ha voglia?	ho voglia di un caffè = I feel like a coffee
17. scegliere (da)	to choose (from)	(una) scelta = choice	
18. con ghiaccio	with ice ≠ straight		liscio

LEZIONE 11

DIRECT OBJECT PRONOUNS

subject		object	
(io) I	→	**mi** me	
(tu) you	→	**ti** you	
(egli, lui, esso) he, it	→	**lo** him, it	This answers the question:
(ella, lèi, essa) she, it	→	**la** her, it	WHO(M)? = **CHI?** WHAT? = **CHE COSA?**
(Lei) you	→	**La** you	
si one, we, you, they			
(noi) we	→	**ci** us	
(voi) you	→	**vi** you	
(essi, loro, Loro) they	→	**li, Li** them, you (masculine plural)	
(esse, loro, Loro) they	→	**Le, Le** them, you (feminine plural)	

note: — lo, la, La become l' and L' before a vowel or h: e.g. l'amo = I love
him/her, L'aspetto qui = I'm waiting here for you.
— you always write with capitals Lei, La, Loro, Li, Le.

MI VEDE?	Do you see me?
Sì, La vedo.	Yes, I see you.
No, non La vedo.	No, I don't see you.

He sees me.	**mi** vede.
I see you.	**ti/vi/La** vedo, etc.
I see him/it.	**lo** vedo.
I see her/it.	**la** vedo.
He sees us.	**ci** vede.
I see them.	**li/le** vedo.

note: one sees her = la si vede: si is always placed immediately before the verb.

NEGATIVE

Non mi vede.	He doesn't see me.
Non ti vedo.	I don't see you.
Non lo vedo.	I don't see him.
Non la vedo.	I don't see her.
Non La vedo.	I don't see you.
Non ci vede.	He doesn't see us.
Non vi vedo.	I don't see you.
Non li/le vedo.	I don't see them.

note: non lo si vede = one doesn't see him, etc.

translate:

1) I see them.
2) She wants it.
3) We're listening to you.
4) We're eating it.
5) The lessons are too difficult and we don't understand them.
6) I'm taking the underground (US: subway). Are you?
7) Do you beat your wife from time to time? No, I never beat her.
8) The teacher is boring and we don't often listen to him.

note: when the pronoun is the object of an infinitive, it follows and is
attached to the verb.

put the correct pronoun instead of the noun:
e.g. Vedo questo cane.
      — Lo vedo.

1)   Non capisco questa lezione.
2)   Mettono questo tappeto nel loro appartamento.
3)   Non possiamo comprare questa vecchia poltrona.
4)   Mangio formaggio tutti i giorni.
5)   Fanno entrare questa signora nel mio ufficio.
6)   Prende a prestito di quando in quando il mio cappotto.
7)   Compra una macchina la settimana prossima.
8)   Prendiamo l'aereo alle otto di.sera.
9)   Aprono la porta ogni dieci minuti.
10) Fanno bene il loro lavoro.
11) Non riconosco la donna.
12) Mettete sei libri sulla tavola.
13) So la risposta.
14) Beviamo del buon caffè.
15) Posso vedere il mio professore per un'ora.
16) Impariamo i verbi.
17) Cominciamo la lezione con un controllo.
18) Non vediamo spesso i film di quel tipo.
19) Maria aspetta spesso Pietro e me dopo la lezione.
20) Vedo spesso vostro fratello e voi al cinema.

translate:

1) I don't like this hard cake and I don't want it.
2) I can see them with the director.
3) We can't hear you.
4) I'm not sending it.
5) He must make his bed.
6) You have to go upstairs to find it.
7) This diamond is expensive but I really like it.
8) It's the same as mine.
9) This lesson is difficult and I don't understand it.
10) You can see them often.
11) I don't like this woman.
12) Do you recognize them?
13) Do you want it for Monday?
14) The rooms upstairs are small.
15) I know many interesting things.
16) We only eat two meals a day.
17) The lesson's beginning. Do you find it difficult?
18) The word is difficult. I can't write it.
19) The work is rather long. I don't want to do it.
20) I'm playing a wonderful game. Do you know it?
21) She's a fabulous gal. Do you know her?
22) I need some cigarettes and must buy them.
23) The book's difficult but I must finish it.
24) They're calling us.
25) Can you see those women? — Yes, I can see them.
26) Do you love your parents, Johnny? — Yes, I love them.
27) Does she really want it? She can have [take] it.
28) If you want to borrow my yellow raincoat, you can have [take] it.

CONTRARI (OPPOSITES) 3

1) **Sono felice**
   I'm happy
   ≠ **triste**
   sad

2) **Enrico è grande**
   Harry's tall
   ≠ **piccolo**
   small

3) **E' come il mio**
   It's the same as mine
   ≠ **diverso da**
   different from

4) **Il dolce è duro**
   The cake's hard
   ≠ **molle**
   soft

5) **La biancheria è asciutta**
   The laundry's dry
   ≠ **bagnata**
   wet

6) **E' venuto prima**
   He came before
   ≠ **dopo**
   after

7) **Un cappotto di pelliccia è caro**
   A fur coat is expensive
   ≠ **a buon mercato**
   cheap

8) **L'acqua è profonda**
   The water's deep
   ≠ **bassa**
   shallow

9) **Le stanze in alto**
   The rooms upstairs
   ≠ **in basso, a pianterreno**
   downstairs

10) **La mia macchina è vecchia**
    My car's old
    ≠ **nuova**
    new

11) **La risposta è buona/giusta**
    The answer's true/so
    ≠ **sbagliata**
    false

12) **Il mio diamante è vero**
    My diamond's real
    ≠ **falso/una bidonata**
    fake/phony

13) **Lavoro a orario ridotto**
    I work part-time
    ≠ **a orario completo**
    full-time

14) **Veste da città/elegante**
    He wears formal clothes
    ≠ **sportivo**
    casual

15) **Il ricevimento à in abito da sera**
    The party is formal
    ≠ **alla buona**
    informal

16) **Non sia grossolano/maleducato** ≠ **educato**
Don't be rude   polite

17) **Il suo lavoro è accurato** ≠ **trascurato**
His work is careful   careless

18) **Mio fratello è gentile/cortese** ≠ **scortese/cattivo**
My brother's kind   mean

19) **Il cinema è pieno/affollato** ≠ **vuoto/non un'anima viva**
The movie is crowded   empty/not a soul

20) **Intelligente** ≠ **stupido/sciocco**
Bright/intelligent   stupid/dumb

21) **La mia camera è in disordine** ≠ **in ordine**
My room's sloppy   neat

22) **Cominciare/iniziare** ≠ **finire/fermare**
To start/to begin   to finish/to stop

23) **Insegnare** ≠ **imparare**
To teach   to learn

24) **Prendere a prestito** ≠ **imprestare/dare a prestito**
To borrow   to lend

25) **Chiudere** ≠ **aprire**
To close/to shut   to open

26) **Dare** ≠ **prendere**
To give   to take

27) **E' agiato/benestante** ≠ **è senza un soldo/al verde**
He's well off   broke

28) **Quest' uomo è coraggioso** ≠ **vigliacco**
This man is brave   cowardly

VOCABOLARIO

	traduzione	sinonimo-associato	contrario-associato
1. (una) camera	bedroom	fare il proprio letto = to make one's bed	
2. /(un) soggiorno /(una) sala da pranzo	/living room /dining room	(un) salotto = drawing room, (una) stanza = room	
3. (una) cucina	kitchen	(una) padella = pan, (una) pentola = pot	
4. /(una) stanza da bagno/(un) acquaio/(un) lavandino	/bathroom/sink /washbasin	quel posticino = the John = (il) gabinetto, (la) latrina	
5. /(una) moquette /(una, delle) tende	/fitted carpet /curtains	(un) tappeto = carpet	
6. di sotto	downstairs ≠ upstairs		di sopra
7. /(un) appartamento/(una) casa	/apartment or flat /house	(uno, dei) mobili = furniture	
8. (una) lampada		(una) lampadina = bulb, (una) luce = light	
9. —sto bene —trovo che Lei ha torto	—I feel good —I feel you're wrong		
10. (una) via	street	(una) strada = road	
11. (un) ascensore	lift, elevator	(le) scale = stairs	
12. comodo	comfortable		scomodo = uncomfortable
13. (un) piano	floor	in terra, sul pavimento = on the floor, (il) suolo = ground	(il) soffitto = the ceiling
14. dipende da Lei	it depends on you		
15. faccia presto!	Hurry up!		faccia con calma!
16. (un) armadio	cupboard	(uno) scaffale = shelf	

LEZIONE 12

INDIRECT OBJECT PRONOUNS

direct object			indirect object	
mi	me	→	**(a) me, mi**	(to) me
ti	you	→	**(a) te, ti**	(to) you
lo	him, it	→	**(a) lui, gli**	(to) him, (to) it
la	her, it	→	**(a) lei, le**	(to) her, (to) it
La	you	→	**(a) Lei, Le**	(to) you
ci	us	→	**(a) noi, ci**	(to) us
vi	you	→	**(a) voi, vi**	(to) you
li, le	them	→	**(a) loro, loro**	(to) them

note: — these indirect pronouns don't exist in English and are a true
problem.
— whenever 'to' is said or implied in English, you must use these in
Italian.
— me, te, lui, lei, Lei, noi, voi, loro are used for stress, after prepositions
and in comparisons: e.g. guarda me, non te = it's me that he's
looking at, preferisco andare con lui = I prefer to go with him, è più
alto di me = he's taller than me.

GLI PARLA SPESSO?   Do you often speak to him?

Sì, gli parlo spesso.   Yes, I often speak to him.
No, non gli parlo spesso.   No, I don't often speak to him.

Mi parla	He's speaking <u>to me.</u>
Ti parlo	I'm speaking <u>to you.</u>
Gli parlo	I'm speaking <u>to him.</u>
Le parlo	I'm speaking <u>to her.</u>
Le parlo	I'm speaking <u>to you.</u>
Ci parla	He's speaking <u>to us.</u>
Vi parlo	I'm speaking <u>to you.</u>
Parlo loro	I'm speaking <u>to them.</u>

note: — parlo <u>a me</u> = I'm speaking to myself.
— <u>loro</u> is always placed after the verb.

NEGATIVE

Non mi parla.	He's not speaking <u>to me.</u>
Non ti parlo.	I'm not speaking <u>to you.</u>
Non gli parlo.	I'm not speaking <u>to him.</u>
Non le parlo.	I'm not speaking <u>to her.</u>
Non Le parlo.	I'm not speaking <u>to you.</u>
Non ci parla.	He's not speaking <u>to us.</u>
Non vi parlo.	I'm not speaking <u>to you.</u>
Non parlo loro.	I'm not speaking <u>to them.</u>

---

translate:

1) I often speak to her but not to him.
2) These books don't belong to the boss, they belong to me,
3) My mother-in-law doesn't write to us often.
4) I love my parents and I often think of them.
5) He's giving me his last book.
6) They're always telling us their problems.
7) I never speak to him.
8) We're sending the books to you today.

DIRECT AND INDIRECT PRONOUNS TOGETHER

Me lo mandi?	Do you send it to me?
Te lo do.	I give it to you.
Glielo do.	I give it to him/her/you.

note: — when two pronouns are used with the same verb, the indirect object precedes the direct object, contrary to English usage.
— mi, ti, ci, vi become me, te, ce, ve when followed by lo, la, le, li, ne (= of it). e.g. ve lo do = I give it to you.
— gli and le/Le become glielo, gliela, glieli, gliele and gliene when followed by the same pronouns. e.g. glieli porto = I bring them to you.

REMEMBER!!
when the pronoun is the object of an infinitive, it follows and is attached to the verb.

ATTACHED PRONOUNS

Voglio mandarglielo.	I want to send it to him/her/you.
Preferisco portartelo.	I prefer to bring it to you.
Non vogliono dirmi la verità.	They don't want to tell me the truth.
Non vogliono dirmela.	They don't want to tell it to me.

note: the direct and indirect object are attached to the infinitive.

VERBS FOLLOWED BY **A**

appartenere a	to belong to
dare a	to give to
dire a	to say to, to tell to
mandare a	to send to
mostrare a	to show to
pensare a	to think of
portare a	to bring to
raccontare a	to tell to
scrivere a	to write to
spiegare a	to explain to

gli scrivo	I'm writing to him.
le scrivo	I'm writing to her.
Le scrivo	I'm writing to you.
ti spiego il problema	I'm explaining the problem to you.
mi spiegano il problema	they're explaining the problem to me.
le dà tutto	he/she gives her anything.
non ci scrivete spesso	you don't write often to us.

translate:

1) Gli scrivo di quando in quando.
2) Ti dico di farlo!
3) Le date il tempo di lavorare.
4) Ci spiegano il problema.
5) Pensiamo molto a te.
6) Lo trovo facile.
7) Tua sorella gli dà tutto.
8) Mio zio vi dice cose stupide.
9) Suo padre le insegna l'italiano.
10) Vado a mostrarglielo.

insert the correct pronoun:

1) Posso veder(lo, gli) solo una volta alla settimana.
2) Dovete dir(essi, loro) tutto.
3) Tuo padre vuole offrir(tu, ti, te) un lavoro.
4) Devo lasciar(la, le) sola questa sera.
5) Che cosa (Le, La, Lei) porto, signore?
6) Potete scriver(io, mi, me) subito?
7) Tu (la, le, lei) conosci forse.
8) La suocera di (la, le, lei) è ancora una bella donna.
9) I genitori di (lo, gli, lui) abitano a Roma.
10) Il marito della mia segretaria non (la, le, lei) dà mai denaro.
11) I nonni della mia fidanzata non (la, le, lei) vedono da due anni.
12) I suoi nonni abitano in Italia e non (essi, li, loro) vede da due anni.
13) Può imprestar (io, mi, me) del denaro? — Mi dispiace, non posso imprestar (glielo, gliela, glieli, gliele).
14) Mia moglie vuole una donna ad ore per fare i lavori di casa, ma non (la, le, lei) trova.

translate:

1) I know his mother. Do you?
2) Fortunately, the maid does the housework.
3) The car belongs to me.
4) She tells them all her problems.
5) He's giving her a nice sweater. What are you giving her?
6) I've been working for a long time. Are you still working?
7) He often thinks of his wife.
8) Do you often speak to her? — I hardly ever speak to her.
9) Who does that house belong to?
10) I see him every day.
11) Do you often see them? — No, I rarely see them.
12) Can I borrow your pencil? — Yes, you can borrow it.

VOCABOLARIO

	traduzione	sinonimo-associato	contrario-associato
1. perfino	even	perfino io = even me	
2. se	if	se sì o no = whether or not	
3. (una) madre	mother		(un) padre = father
4. (una) sorella	sister		(un) fratello = brother
5. (una) suocera	mother-in-law	(i) suoceri = in-laws	(un) suocero = father-in-law
6. (una) nipote	niece	(una) zia = aunt, (uno) zio = uncle	(un) nipote = nephew
7. /(un) nonno/(un, una) nipotino(a)	/grandfather /grandchild		(una) nonna = grandmother
8. (un) marito	husband		(una) moglie = wife
9. (un) figlio	son ≠ daughter	(i)genitori = parents	(una) figlia
10. celibe	bachelor man ≠ married	nubile = single woman fidanzato = fiancé	sposato
11. (una) famiglia	family	(i) parenti = relatives	
12. (una) persona	person	la gente = people	
13. ad esempio	for instance		
14. gentile	nice ≠ mean	giusto = fair	sgarbato
15. fare i lavori di casa	to do the housework	(una) casalinga = housewife	
16. per	for	durante = during	fino a = until
17. strano	strange, bizarre	curioso, bizzarro	normale
18. fortunatamente	fortunately ≠ unfortunately	per fortuna = luckily	sfortunatamente
19. (una) domestica	maid	(una) donna ad ore	
20. pazienza!	too bad, never mind ≠ all the better		tanto meglio!

LEZIONE 13

SU + . . . = ON THE

su + il = <u>sul</u>	**Il giornale è <u>sul</u> letto.** = The newspaper's on the bed.
su + i = <u>sui</u>	**I tovaglioli sono <u>sui</u> piatti.** = The napkins are on the plates.
su + la = <u>sulla</u>	**La Sua camicia è <u>sulla</u> sedia.** = Your shirt's on the chair.
su + le = <u>sulle</u>	**Ci sono francobolli <u>sulle</u> lettere?** = Are there any stamps on the letters?

note: — su + lo = <u>sullo</u> (sullo specchio = on the mirror), su + l' = <u>sull'</u> (sull'albero = on the tree), su + gli = <u>sugli</u> (sugli alberi = on the trees).
— remember: you can say 'sopra' instead of 'su', e.g. sul letto = sopra il letto = on the bed, sulla sedia = sopra la sedia = on the chair.

IN + . . . = IN THE

in + il = <u>nel</u>	**Siamo <u>nel</u> giardino.** = We're in the garden.
in + i = <u>nei</u>	**C'è molta frutta <u>nei</u> negozi.** = There is a lot of fruit in the shops.
in + la = <u>nella</u>	**Ci sono topi <u>nella</u> casa?** = Are there mice in the house?
in + le = <u>nelle</u>	**A Venezia non ci sono veicoli <u>nella</u> vie.** = In Venice there aren't vehicles in the streets.

note: in + lo = <u>nello</u> (nello stivale = in the boot), in + l' = nell' (nell'albero = in the tree), in + gli = <u>negli</u> (negli stivali = in the boots).

```
NE = SOME, ANY

HA DENARO?                          Have you (some) money?

Sì, ne ho.                          Yes, I have (some).
No, non ne ho.                      No, I don't have any.
```

note: NE is often used in Italian as a pronoun: He has some books = ha dei
       libri. He has some = ne ha.

translate:

1)   E' sulla tavola la scarpa?
2)   E' sulla sedia il portacenere?
3)   E' sul letto la Sua penna?
4)   E' sul libro la matita?
5)   E' sul piatto il formaggio?
6)   Sono nel giardino i Suoi suoceri?
7)   Vuole una sigaretta? — No, grazie, ne ho.
8)   La segretaria è nell'ufficio del direttore.
9)   C'è una macchina rossa nella via.
10) C'è burro sul pane?
11) Is there a carpet in the room?
12) Are there bikes in the underground?
13) There is a boring lesson in the book. Which one?
14) Are there boring teachers in the room?
15) You can see them in the road.
16) Are there mice in the kitchen?
17) Is there wine in the bottles?
18) Is there water in the glasses?
19) Is there some coffee in the cups?
20) I don't have any newspapers. Do you have any?

POCO	=	FEW, LITTLE
Ho poco denaro.	=	I have little money.
Ho pochi libri.	=	I have few books.
Ho poca pazienza.	=	I have little patience.
Ho poche matite.	=	I have few pencils.

MOLTO	=	A LOT OF, MUCH, MANY
Ho molto denaro.	=	I have a lot of money.
Ho molti libri.	=	I have a lot of/many books.
Ho molta pazienza.	=	I have a lot of/much patience.
Ho molte matite.	=	I have a lot of/many pencils.

note: — molto and poco when used as adjectives agree with the noun in number and gender.

— remember: molto and poco when used as adverbs are invariable: e.g. una ragazza molto bella = a very beautiful girl, sono tipi poco intelligenti = they're guys of little intelligence.

UN PO'	=	A LITTLE
Ho un po' di denaro.	=	I have a little money.
Denaro? Ne ho un po'.	=	Money? I have a little (of it).

QUALCHE	=	SOME, ANY
Ha <u>qualche</u> libro?	=	Do you have some/any books?
Sì, ho <u>qualche</u> libro.	=	Yes, I have some books.
Sì, <u>ne</u> ho.	=	Yes, I have some.

note: CAREFUL! 'qualche' is invariable and it always precedes a singular
noun: (Are there any girls? = C'<u>è</u> <u>qualche</u> ragaz<u>za?</u>).

ESSERE ABITUATO A	=	TO BE USED TO
E' ABITUATO A BERE VINO?	=	Are you used to drinking wine?
Sì, <u>sono abituato a</u> bere vino.	=	Yes, I'm used to drinking wine.
No, <u>non sono abituato a</u> bere vino.	=	No, I'm not used to drinking wine.

AVER BISOGNO DI	=	TO NEED
HA BISOGNO DI DENARO?	=	Do you need (some) money?
Sì, <u>ne</u> ho bisogno.	=	Yes, I need some.
No, <u>non ne</u> ho bisogno.	=	No, I don't need any.

translate, then answer in the negative with NE:

1) Do you want some coffee?
2) Does she need money?
3) Do you want to drink wine?
4) Do you sometimes eat potatoes?
5) Do you drink a lot of milk?
6) Do the students need another lesson?
7) Does he need a new car?
8) Do you sell cars?
9) Does your mother often buy cakes?
10) Do they take English lessons?
11) Have they a lot of sweaters?
12) Does he know any girls?
13) Do we need all these magazines?
14) Do they have some work to do today?
15) Am I afraid of their dogs?
16) Do you need a doctor?
17) Do you eat ham?
18) Do you want some tea?

translate, then answer in the negative with POCO, POCHI — POCA, POCHE.

1) Avete molti parenti?
2) Hanno molte sigarette?
3) Ha molti bei giocattoli quel bambino?
4) E' molto intelligente quell'uomo?
5) Studi italiano da molti mesi?
6) Leggete molti libri interessanti?
7) Ci sono molti impiegati nel Suo ufficio?
8) C'è molta gente nel ristorante?
9) Ci sono molte donne affascinanti?
10) Ci sono molti topi nella casa?
11) Volete molte carote?
12) Prendono molta verdura?

VOCABOLARIO

	traduzione	sinonimo-associato	contrario-associato
1. (la settimana) prossima	next (week)	la settimana seguente = the following week, tra una settimana = in a week	la settimana scorsa = last week
2. ottenere	to get	ricevere = to receive	
3. aver bisogno di	to need		mancare (di) = lack
4. /scherzare/Lei scherza!	/to kid/you're kidding!	prendere in giro = to tease, uno scherzo = a joke	
5. pare che	it seems	sembra che	
6. meraviglioso	wonderful, fantastic ≠ dreadful, horrible	formidabile, fantastico; affascinante = charming	orribile, orrendo, spaventoso, schifoso = shitty, senza valore = worthless, crummy
7. /(un) giornale /(una) carta	/newspaper /paper	/(una) rivista = magazine	
8. giocare	to play	giocare d'azzardo = to gamble, (un) gioco = game, (un) giocattolo = toy, (una) bambola = doll	
9. stupido	stupid, dumb ≠ intelligent	asino, scemo = an ass	intelligente, spiritoso
10. tutto	everything, all	qualche cosa = something, qualunque cosa = anything	niente = nothing, nessuno = none, nobody
11. cadere	to fall	lasciar cadere = to drop	raccogliere = to pick up
12. qualche	some	alcuni = few, some	nessuno = not any
13. – ogni quanto tempo? – da quando?	– how often? – how long?	da quanto tempo?	
14. /bello/carino	/beautiful/cute, pretty	stupendo	brutto = ugly
15. stasera	tonight ≠ last night	(la) sera = evening	ieri sera, domani sera = tomorrow night

LEZIONE 14

(NON) MAI, A VOLTE	=	NEVER, EVER
LEI FUMA, <u>A VOLTE?</u> LE CAPITA DI FUMARE?	=	Do you <u>ever</u> smoke?
No, <u>non</u> fumo <u>mai</u>.	=	No, I <u>never</u>/<u>don't ever</u> smoke.

translate, then answer in the negative:

1) Do you ever gamble?
2) Does he ever read the paper?
3) Does he ever tease his wife?
4) Do they ever go to the theatre?
5) Do you ever take trips?
6) Are we ever wrong?
7) Does she ever work part-time?
8) Are you ever lucky?

CHE = THAT		
CHE COSA DICE?	=	What is he saying?
Dice <u>che</u> hai ragione.	=	He says (that) you're right.

note: 'that' in English can be optional, but <u>che</u> in Italian is
     obligatory.

translate:

1) I know (that) you need money.
2) They say you're lucky.
3) You don't have to tell me that I'm wrong.
4) I know the guy's a bastard.
5) Is it true (that) we need help?
6) I agree he must do it.

PUBLIC ENEMY NUMBER ONE — THE ITALIAN PRESENT!!!

LEGGO

I'm reading now.	=	**Leggo** ora.
I often read.	=	**Leggo** spesso.
I've been reading for an hour.	=	**Leggo** da un'ora (è un'ora che **leggo**).

note: THE ITALIANS LIVE IN THE PRESENT! You must get used to
using it much more than we do in English.

Siamo sposati da cinque anni.	=	We've been married for five years.
Lavora qui da giugno.	=	He/she's been working here since June.
Sono qui da una settimana.	=	I've been here for a week.
Da quanto tempo è qui?	=	For how long have you been here?

translate, then put in the interrogative:

1) They've been here since January.
2) They've been in their new house since the summer.
3) The students have been on vacation for a month.
4) I haven't seen them for a long time.
5) My parents have been on the beach since this morning.
6) They always take trips during the summer.
7) I've been working here since the winter
8) She can't [doesn't] find a part-time job and must work full-time.
9) I've known him for ten years.
10) They've been living in Rome for three years. They usually live in Europe.
11) I know that he has been married for two years.
12) She's lucky now, and she's been lucky since last year.

```
PRESENT PARTICIPLE: STARE + -ANDO/-ENDO = TO BE + -ING

sto parlando/prendendo/finendo    =    I'm (in the midst) of speaking
                                        /taking/finishing

stai     "       "        "        =    you are, etc.
sta      "       "        "
stiamo   "       "        "
state    "       "        "
stanno   "       "        "
```

note: — to form the present participle, add '-ando' to the stem of the '-are'
verbs, and '-endo' to the '-ere' and '-ire' verbs.
— parlo = I'm speaking; for slight increase of emphasis use 'sto
parlando', e.g. sto parlando da due ore = parlo da due ore = I've
been speaking for two hours.

```
STA MANGIANDO?              =    Are you eating? (in the midst
                                 of eating?)

Sì, sto mangiando.          =    Yes, I'm eating.
No, non sto mangiando.      =    No, I'm not eating.
```

```
CAREFUL!!!
STA SCRIVENDO UNA           =    Are you writing a letter?
LETTERA?

Sì, sto scrivendo una lettera.   =    Yes, I'm writing a letter.
Sì, sto scrivendola.             =    Yes, I'm writing it.
```

note: as with the infinitive, you attach the object, whether direct or
indirect.

VERBI IRREGOLARI – PRESENT PARTICIPLE

fare (to do, to make) → facendo
bere (to drink) → bevendo
condurre (to lead) → conducendo
dire (to say) → dicendo
porre (to put) → ponendo
trarre (to draw) → traendo

translate using the emphatic form:

1) We've been eating for an hour.
2) They've been skiing since this morning.
3) We're waiting for the teacher now.
4) The kids have been playing for two hours.
5) He's gambling now. He always gambles on Saturdays.
6) She's talking now. She always talks a lot. She has been talking for two hours.
7) You've been reading the same book since yesterday.
8) The maid is doing the housework now. She always does it in the afternoon.
9) I'm writing a letter to my in-laws. I always write to them on Sundays.
10) She's eating now. She always eats at this hour.
11) You've been talking for an hour. You always talk too much.
12) I've been waiting for you for five hours. I always have to wait for you.
13) Stanno viaggiando ora i Suoi genitori?
14) Stiamo chiamandolo.
15) Sto aspettandoti.
16) Stanno ascoltandoci.
17) Sta piovendo, sta nevicando contemporaneamente.
18) Che cosa stanno facendo? Stanno camminando.
19) Sto chiudendo la finestra.
20) Sto dandoglieli.
21) Sta spiegandoci il problema.
22) Stai facendolo ora.

VOCABOLARIO

	traduzione	sinonimo-associato	contrario-associato
1. /buono/migliore /il migliore	/good/better /the best		/cattivo/peggiore /il peggiore = bad /worse/the worst
2. /viaggiare/(un) viaggio/(un) operatore turistico	/to travel/a trip /a travel agent	fare un viaggio = to take a trip, (un) soggiorno = a stay	
3. (un') andata semplice	one way ticket ≠ return (round trip)		un'andata-e-ritorno
4. prenotare	to reserve ≠ to cancel	completo = booked	disdire (la prenotazione)
5. /(una) città,/(un) villaggio	/city/village	(un) paese = a country	
6. in vacanza	on vacation		
7. /(una) spiaggia /(una) costume da bagno	/beach/bathing suit	in riva al mare = seaside, la sabbia = the sand, nuotare = to swim, la piscina = pool	
8. /(una) montagna, /in campagna	/mountain/in the country	sciare = to ski	(una) valle = valley
9. sono per	I'm for ≠ against	in favore di	contro
10. (il) denaro	money	i soldi, i quattrini, (la) grana = dough, (il) resto = change	in contanti = cash
11. /(un) assegno /(una) banca	/cheque (US check) bank		
12. (una) macchina fotografica	camera	film = film	
13. (un) posto simpatico	a nice place	(un) luogo = spot	
14. /(una) doccia /(un) bagno	/shower/bath	(una) vasca da bagno = a bathtub	
15. (un) colpo di sole	sunburn	(una) tintarella = tan	
16. /(una) commedia /(un) attore/(un) teatro	/a play/actor/theatre	(un) commediante = comedian	

LEZIONE 15

FUTURE VERBS IN '-ARE' AND '-ERE': PARLARE, PRENDERE

parlerò	I'll speak	<u>non</u> **parl<u>erò</u>**	I won't speak, etc.
parl<u>erai</u>	you'll speak	<u>non</u> **parl<u>erai</u>**	
parl<u>erà</u>	{ he she'll speak you'll speak }	<u>non</u> **parl<u>erà</u>**	
parl<u>eremo</u>	we'll speak	<u>non</u> **parl<u>eremo</u>**	
parl<u>erete</u>	you'll speak	<u>non</u> **parl<u>erete</u>**	
parl<u>eranno</u>	{ they'll speak you'll speak }	<u>non</u> **parl<u>eranno</u>**	

note: — the above endings are added to the stem of the -ARE and -ERE
   verbs, e.g. port<u>are</u> = to bring → port<u>erò</u> (I'll bring), prend<u>ere</u> = to
   take → prend<u>erò</u> (I'll take).
— all verbs in -CARE and -GARE add an 'h' to the stem of the verb
   before the endings, e.g. gio<u>care</u> = to play → gio<u>ch</u>erò (I'll play),
   pa<u>gare</u> = to pay → pa<u>gh</u>erò (I'll pay).
— the verbs in -IARE lose the 'i', e.g. mang<u>iare</u> = to eat → mang<u>e</u>rò (I'll
   eat), comin<u>ciare</u> = to begin → comin<u>ce</u>rò (I'll begin).

**GLI PARLERAI DOMANI/TRA DUE GIORNI/LA SETTIMANA
PROSSIMA?**

Will you speak to him tomorrow?/in two days?/next week?

Sì, gli parlerò domani.	Yes, I'll speak to him tomorrow.
No, <u>non</u> gli parlerò domani.	No, I won't speak to him tomorrow.

83

FUTURE VERBS IN '-IRE': PARTIRE

partirò	= I'll leave	**non partirò**	= I won't leave, etc.
partirai	= you'll leave	**non partirai**	
partirà	he = she'll leave } you	**non partirà**	
partiremo	= we'll leave	**non partiremo**	
partirete	= you'll leave	**non partirete**	
partiranno	they = you'll leave }	**non partiranno**	

note: — the above endings are added to the stem of the -IRE verbs,
e.g. uscire = to go out → uscirò (I'll go out).
— those -IRE verbs which add 'isc' in the present are regular in the
future, e.g. finire = to finish → finirò (I'll finish), capire = to
understand → capirò (I'll understand).

MI DIRA' LA VERITA'?	Will you tell me the truth?
Sì, Le dirò la verità.	Yes, I'll tell you the truth.
No, non Le dirò la verità.	No, I won't tell you the truth.

SOME IRREGULAR VERBS

andare = to go andrò, andrai, andrà, andremo, andrete, andranno	**avere** = to have avrò, avrai, avrà, avremo, avrete, avranno	**bere** = to drink berrò, berrai, berrà, berremo, berrete, berranno
cadere = to fall cadrò, cadrai, etc.	**condurre** = to lead condurrò	**dare** = to give darò
dolere = to ache dorrò	**dovere** = must dovrò	**essere** = to be sarò
fare = to do, to make farò	**morire** = to die morirò, morrò	**parere** = to seem parrò
porre = to put porrò	**potere** = can potrò	**rimanere** = to remain rimarrò
sapere = to know saprò	**stare** = to stay starò	**tenere** = to keep terrò
trarre = to draw trarrò	**valere** = to be worth varrò	**vedere** = to see vedrò
venire = to come verrò	**vivere** = to live vivrò	**volere** = to want vorrò

SPECIAL USE OF THE FUTURE

CHE ORA E'?	What's the time?
<u>Sarà</u> mezzogiorno.	It's probably noon.

note: the future in Italian is employed to express what is probable, even
when no idea of future is implied.

translate:

1) I'll answer your letter tomorrow.
2) We'll take a trip next week.
3) I'll be able to do it in a week.
4) He'll come tomorrow.
5) She'll write sometimes, I hope.
6) They'll buy a car instead of a bike.
7) We'll do the housework next Sunday.
8) I'll be on time.
9) You probably think I'm wrong.
10) I'll drink four glasses of wine tonight.
11) At last I'll live in Rome!
12) They'll have a lot of cash with them.
13) He'll leave a tip for the waiter.
14) Will you be able to come in two weeks?
15) I'll have to go tomorrow.
16) You'll catch a cold because of the weather.
17) I'll be ready at ten.
18) He'll need a tablet for his headache.

translate:

1) Sarò a casa questo pomeriggio.
2) Avrai bisogno di denaro?
3) Sono sicuro che sarà fortunata.
4) Lo porterò con me stasera.
5) Vi vedremo la settimana prossima?
6) Sai se ci aiuteranno?
7) Smetteremo di lavorare tra un'ora.
8) Avremo presto fame.
9) Dice che non comprerà un'altra macchina bianca.
10) Te lo dirà domani.
11) Non sanno se potranno farlo o no.
12) Quanti anni ha il tuo capufficio? — Avrà cinquant'anni.
13) Quanti chilometri ci saranno da Roma a Genova? — Ci saranno cinquecento chilometri.

VOCABOLARIO

	traduzione	sinonimo-associato	contrario-associato
1. stanco	tired, dead-beat	stanco morto, sfinito = exhausted	sentirsi bene = to feel great
2. malato	ill ≠ well	essere in piena forma, star benone	star bene, stare meglio = to feel better
3. prendersi un raffreddore	to catch a cold	l'influenza = flu, la febbre = fever	
4. starnuta(i)re	to sneeze	salute! = God bless you!	
5. tossire	to cough	(un) mal di gola = a sore throat	
6. (una) medicina	medicine	(una) pillola = a tablet, a pill, la pillola = the Pill	
7. /(un) dentista /(un) mal di denti	/dentist/toothache	i denti = teeth	
8. /(un) mal di testa /(un) mal di pancia	/headache /stomachache	(lo) stomaco, (il) ventre = tummy	
9. – fa male – Le fa male?	– it hurts – does it hurt?	(un) dolore = pain	
10. pronto?	/ready?/hello?(phone)	sono pronto = I'm ready	
11. succedere	to happen, occur	capitare, aver luogo	
12. riposarsi	to rest	non si arrabbi! calma! = take it easy!	
13. ridere	to laugh ≠ to cry	un sorriso = a smile	piangere, (una, delle) lagrime = tears
14. avere un buon aspetto	to look well		
15. ne dubito	I doubt it	ne ero sicuro = I thought as much	non ne dubito = I don't doubt it
16. lo stesso di	the same as ≠ different from	uguale a = similar to	diverso da
17. star male/poco bene	to be ill/sick		

LEZIONE 16

CONDITIONAL — first form

SE HO IL DENARO, COMPRO UNA MACCHINA.
    present   present

Se ha il denaro, compra una macchina?	= If you have the money, will you buy a car?
Sì, se ho il denaro, compro una macchina.	= Yes, if I have the money, I'll buy a car.
No, se ho il denaro, non compro una macchina.	= No, if I have the money, I won't buy a car.

note: in Italian when the condition is on the point of being realized you use the present tense in *both* parts of the sentences. 'Se ho il denaro, compro una macchina' means that the speaker only has to count his money before going to buy a car.

SE AVRO' IL DENARO/QUANDO AVRO' IL DENARO, COMPRERO'
    future   **UNA MACCHINA.**   future

Se avrà il denaro, comprerà una macchina?	= If you have the money, will you buy a car?
Sì, se avrò il denaro, comprerò une macchina.	= Yes, if I have the money (one day), I'll buy a car.
No, se avrò il denaro, non comprerò una macchina.	= No, If I have the money (one day), I won't buy a car.

QUANDO VERRA', GLI DARO' LA LETTERA.
    future   future

When he comes, I'll give him the letter.

note: the future is employed in Italian in subordinate clauses *referring to the future* which are introduced either by se (= if) or by a conjunction of time (quando = when).

translate, then answer affirmatively:

1) Se sei stanco, vai a letto?
2) Se hai mal di gola, prendi delle pillole?
3) Se ho fame, mi dai qualche cosa da mangiare?
4) Se il libro è noioso, lo leggi lo stesso?
5) Se avete abbastanza denaro, comprate una nuova casa?
6) Se non capite il professore, glielo dite?
7) Se fa bel tempo, andiamo al cinema lo stesso?
8) Se potete andarci domani, ci andate?
9) Se c'è un bel film, me lo dici?
10) Se la carne non è cotta, la mangi?

translate, then give the negative answer:

1) If she drinks too much, will her husband be happy?
2) If you need help, will you call me?
3) If you are ill, will you go to the doctor?
4) If I must take a trip next week, will you come with me?
5) If I ask you a question, will you answer me?
6) If I need money, will you lend me some?
7) If you like her cake, will you tell her?
8) If they don't understand, will the teacher help them?
9) If she doesn't call you tonight, will you call her?
10) If you can't do it, will you tell me?
11) If you can't come, will you call and tell me?
12) If you don't like the meal, what will you do?
13) If you need cash, will you go to the bank?
14) If we don't answer, will the teacher go crazy?
15) If the cop's a bastard, will we be able to do something?
16) If the restaurant's expensive, will we go in any case?
17) If your wife loves you, will you be happy?
18) If the boss comes late, shall we too?

1. **più presto è, meglio è**	the sooner the better	16. **solo** — **ho solo**	only — I only have
2. **il giorno dopo**	the next day	17. **ogni due settimane**	every other week
3. **la vigilia**	the day/night before	18. **non appena**	as soon as
4. **mentre**	while, during	19. **apposta**	on purpose
5. **ogni quanto tempo?**	how often?	20. **per quanto riguarda**	as far as
6. **in media**	on the average	21. **parecchi**	several
7. **soprattutto**	above all	22. — **inoltre** — **per di più**	— besides — what's more
8. **per ogni evenienza**	just in case	23. — **nell'insieme** — **in generale** — **la maggior parte di**	— on the whole — in general — most of
9. **presto**	soon		
10. **ancora una volta**	once more, again	24. **in quanto a (me)**	as for (me)
11. **secondo**	according to	25. **nella misura in cui**	in so far as
12. **da, a partire da**	as of . . . from on . . .	26. **tra due settimane**	in a fortnight
13. — **dato che** — **poiché**	— given that — since	27. **lo stesso**	all the same
14. — **recente-mente** — **non molto tempo fa**	— recently — not long ago	28. **da quando?**	how long?
15. **abbastanza**	enough		

VOCABOLARIO

	traduzione	sinonimo-associato	contrario-associato
1. telefonare	to call (up)	chiamare al telefono, una telefonata = a call	
2. riattaccare	to hang up ≠ to pick up		staccare (il ricevitore)
3. rimanga in linea	hold on		
4. chi parla?	Who's speaking?	Chi lo/la vuole?	Il signor... La desidera al telefono
5. Le passo...	I'll put you through to...		
6. /dare un esame /superare un esame	/to take a test /to pass a test		far scena muta = to flunk
7. sono occupato	I'm busy ≠ free		libero
8. come vuole	as you like		
9. (un) articolo	item	qualche cosa = something	
10. /(una) storia /(un) romanzo	/story/novel	(una) novella, (un) racconto = short story	
11. buffo	funny ≠ a drag	divertente	noioso, barboso
12. (un) amico	friend ≠ enemy	compagno = pal	nemico
13. – a causa di/ – perché	on account of		perché? = why?
14. pigro	lazy ≠ hardworking		sgobbone
15. me ne restano due	I have two left		non me ne restano più = I don't have any more
16. provare	to try	tentare di	
17. (un) appunta-mento(dare appuntamento)	an appointment (to make an...)		
18. ecco...	– here is, are		

LEZIONE 17

TO KNOW = **CONOSCERE** (to be familiar with) **SAPERE** (to have knowledge of)

conoscere qualcuno = to know someone

sapere qualche cosa = to know something

conoscere un posto = to know a place

note: I know <u>how to</u> drive = I <u>can</u> drive = <u>so</u> guidare, <u>I know how</u> to swim = I <u>can</u> swim = <u>so</u> nuotare, etc.

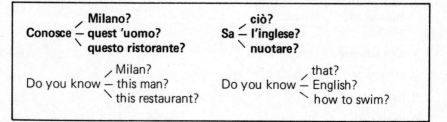

translate:

1) I know Jane.
2) Do you know London?
3) Do you know how to drive?
4) Do you know the answer?
5) Do you know his wife?
6) Do you know that store?
7) Do you know his family?
8) Do you know your lesson?
9) Do they know her relatives?
10) Do you know Italian?

CIO' CHE/QUELLO CHE = WHAT

E' ciò che vuole?	Is that what you want?
Sì, è ciò che voglio.	Yes, that's what I want.
No, non è ciò che voglio.	No, it isn't what I want.

note: Remember: What? (simple question) = (Che) cosa?

So ciò che vuole.	= I know what he wants.
So che . . .	= I know that . . .
Quello/ciò che so è che . . .	= What I know is that . . .
So che verrà.	= I know (that) he'll come.
E' ciò che voglio dire.	= That's what I mean.
So ciò che vuole dire.	= I know what he means.
Ciò che voglio dire è . . .	= What I mean is . . .

note: there's no difference between ciò che and quello che.

translate:

1) Non è ciò che pensi.
2) Non è ciò che voglio dire.
3) Non capisco ciò che volete.
4) So quello che ti dirà.
5) Sapete ciò che interessa a lui?

translate:

1) Do you know what you want to eat?
2) I'm not sure what she thinks.
3) We know what we must do.
4) That's what worries me.
5) That's what interests me.

VOCABOLARIO

	traduzione	sinonimo-associato	contrario-associato
1. è un gioco da bambini	it's a cinch ≠ hard	facile = easy	difficile, duro = it's rough = bisogna farlo
2. /(una) tasca/(un) portafoglio	/pocket/wallet		
3. /la scena/il regista	/the stage/the director	(il) cineasta = film-producer	
4. (un) complesso	a hang-up	(un) impedimento	
5. nervoso	nervous ≠ calm	innervosito = uptight	calmo
6. falso	false ≠ true, real	contraffatto = phony, fake, (una) bidonata, (una) patacca	vero
7. oggi stesso	this very day		
8. cavarsela	to swing something, to manage	se la cava bene = you get on well	
9. gettare	to throw		acchiappare = to catch
10. vincente	winner ≠ loser		perdente
11. e allora?	so what?	allora?, dunque? = so?	
12. guarda un po'!	well! well!		
13. /(un) passatempo /(un) tifoso	/hobby/fan	manìa	
14. serio	serious	grave	
15. /Natale/Pasqua	/Christmas/Easter	il veglione di San Silvestro = New Year's Eve party	
16. scegliere	to choose	selezionare	
17. ingiusto	unfair ≠ fair		giusto, retto = straight
18. essere preoccupato	to be worried, anxious	ansioso; I'm worried = sono preoccupato	non si preoccupi = don't worry

LEZIONE 18

COMPARATIVE, RELATIVE SUPERLATIVE

un uomo ricco	a rich man
un uomo più ricco	a richer man
l'uomo più ricco	the richest man

E' più giovane di me.	He/she's younger than me.
E' meno giovane di me.	He/she isn't as young as me.
E' giovane come/quanto me.	He/she's as young as me.
Non è giovane come me.	He/she isn't as young as me.
E' meno intelligente di me.	He/she's less intelligent than me.
E' così giovane che . . .	He/she's so young that . . .

THE ABSOLUTE SUPERLATIVE

un uomo altissimo/molto alto	a very tall man
una donna bellissima/molto bella	a very beautiful woman
una signora gentilissima/molto gentile	a very kind lady
un uomo ricchissimo/molto ricco	a very rich man
Sono giocattoli carissimi/molto cari.	They're very expensive toys.
Sono ragazze intelligentissime/molto intelligenti.	They're very clever girls.

note: — the absolute superlative is formed either by adding -issimo to the adjective after its last vowel has been dropped, or by placing molto (invariable) before the adjective.
  — the adjectives ending in -co and -go, in adding the suffix -issimo, undergo an orthographic change: lungo (long) → lunghissimo.

```
IRREGULAR COMPARISON
        COMPARATIVE   REL. SUPERLATIVE-ABS. SUPERLATIVE
 buono    migliore       il/la migliore   ottimo
 cattivo  peggiore       il/la peggiore   pessimo
```

translate:

1) She's the tallest in the family.
2) He isn't as rich as my brother.
3) He's the worst boss in the company.
4) I'm as broke as you are.
5) She's a very beautiful girl.

put in the relative superlative:

1) Questa macchina fotografica è . . . (buono) del negozio.
2) Questa regione è . . . (povero) d'Europa.
3) Questa drogheria è . . . (caro).
4) Questo supermercato è . . . (vicino) alla casa.
5) La tua collana è . . . (lungo) di tutte.
6) Questo affare è . . . (buono) dell'anno.
7) Questo macellaio è . . . (cattivo) della strada.
8) Questo film è . . . (noioso) di tutti.

put in the comparative:

1) Questa ragazza è . . . (serio) . . . me.
2) Questa spiaggia è . . . (bello) . . . quella.
3) Il primo piano è . . . (pulito) . . . pianterreno.
4) Il fornaio è . . . (vicino) . . . macellaio.
5) Il tuo anello è . . . (caro) . . . mio braccialetto.
6) Sua moglie è . . . (brutto) . . . tua.
7) Questa lezione è . . . (interessante) . . . altra.
8) Il suo nuovo romanzo è . . . (buono) . . . primo.
9) Sua figlia è . . . (carino) . . . moglie.
10) Questa somma è . . . (importante) . . . quella della settimana scorsa.

translate, then give the seven possible forms (corto: più corto di, meno corto di, corto come, il più corto, il meno corto, molto corto, cortissimo):

alto

lungo

cattivo

caldo

forte

triste

pesante

profondo

debole

pericoloso

difficile

caro

attento

intelligente

cortese

giusto

schifoso

vecchio

buono

stupido

affollato

duro

translate, then put in the comparative, e.g.:
She's as pretty as my sister:
— E' carina come mia sorella.
— E' più carina di mia sorella.

1) Our trip is as interesting as yours.
2) My shoes are as cheap as theirs.
3) Your jewellery is as beautiful as hers.
4) This book's as crummy as that one.
5) Your hobby's as boring as mine.
6) This lesson's as much of a cinch as the last one.
7) Your wallet's as full as mine.
8) My shower is as hot as Jane's.
9) This restaurant's as crowded as the other one.
10) My room's as sloppy as yours.
11) These mountains are as high as the sky.
12) My dress is as short as yours.
13) He's as lazy as his father.
14) They're as well-off as their parents.
15) The teachers are as poor as the students.

ADVERBS

vero (true), feminine **vera** → **vera_mente_**

facile (easy), feminine **facile** → **facil_mente_**

folle (mad), feminine **folle** → **folle_mente_**

---

note: — most are formed by adding — mente to the feminine singular of the
adjective.
— adjectives ending in -le or -re (single 'l' or 'r') drop the final 'e'
before adding -mente.
— buono → bene.
— cattivo → male.

give the adverb:

triste	rapido
duro	pronto
buono	felice
cattivo	secco
serio	raro
facile	grande
lungo	stupido
cortese	intelligente
frequente	caro
dolce	improvviso
profondo	probabile
stanco	difficile
folle	pesante
lento	forte

VOCABOLARIO

	traduzione	sinonimo-associato	contrario-associato
1. (un) regalo	gift	regalare = to give	
2. importante	important ≠ beside the point		fuori tema, irrilevante
3. che misura?	what size?	(il) numero (shoes)	
4. (un) reparto (da signora)	(ladies) department		
5. (il) primo piano	first floor	pianterreno = ground floor	
6. /(una) drogheria /(un) fornaio /(un) macellaio	/grocery/baker /butcher	(un) supermercato = supermarket	
7. in liquidazione	on sale	un affare = a bargain	
8. me l'aspettavo	I expected it	non mi sorpren- derebbe = it would not surprise me	inatteso = unexpected
9. ricco	rich ≠ poor, broke	benestante, agiato	squattrinato, al verde, in bolletta
10. ne valeva la pena	it was worth it		non ne valeva la pena
11. (una) somma	amount	totale, quantità = quantity	
12. perdiana!	goodness!	Dio mio! porco cane! che rabbia!	grazie a Dio! = thank goodness!
13. quanti anni ha (hai, avete)?	how old are you?		
14. (la) giovinezza	youth ≠ old age	adolescenza = teenage	(la) vecchiaia
15. /(i) gioielli /(un) anello /(una) collana	/jewellery/ring /necklace	(un) braccialetto = bracelet	
16. qualcuno	someone ≠ no one	chiunque = anyone, tutti = everybody	nessuno
17. dappertutto	everywhere ≠ nowhere		in nessun posto
18. è la stessa cosa	it's the same thing		

LEZIONE 19

PAST (PASSATO PROSSIMO = PRESENT PERFECT)

Ieri \
La settimana scorsa — **ho giocato**   I played tennis — yesterday. \
Due giorni fa / **a tennis.**   last week. \
   two days ago.

---

ho giocato   **non ho** giocato \
hai giocato   **non hai** giocato \
ha giocato   **non ha** giocato \
abbiamo giocato   **non abbiamo** giocato \
avete giocato   **non avete** giocato \
hanno giocato   **non hanno** giocato

note: the 'passato prossimo' is formed with the present of 'avere' and the past participle of the verb.

HA GIOCATO A TENNIS?   Did you play tennis? \
                              Have you played tennis?

Sì, ho giocato a tennis.   Yes, I (have) played tennis. \
No, non ho giocato a tennis.   No, I didn't play/haven't played \
                              tennis.

```
PAST PARTICIPLE

parlare      →    parlato        (spoke, have spoken)

vendere      →    venduto        (sold, have sold)

finire       →    finito         (finished, have finished)
```

```
da ripetere:

Non ho parlato a nessuno.        = I didn't speak to anyone.
Non gli ho mai parlato.          = I never spoke to him.
Non ho ancora finito.            = I haven't finished yet.
Non mi ha dato niente.           = He/she didn't give me anything.
Mi ha dato solo due dollari.     = He/she only gave me two dollars.
Non l'abbiamo più visto(a).      = We didn't see him/her any more.
```

translate:

1) It's on the left.
2) I slept two hours.
3) I got divorced two years ago.
4) We began Italian lessons last month.
5) Did you eat a lot this morning?
6) He called me two hours ago.
7) I talked for two hours yesterday.
8) I only had kids four years ago.
9) They finished their lesson last night.
10) He left his office at ten.

AVERE — PASSATO PROSSIMO

ho avuto   =   I had
hai avuto

ha avuto

abbiamo avuto
avete avuto

hanno avuto

put in the negative:

1) Abbiamo visitato il museo.
2) Ho dimenticato il tuo nome.
3) Trovo che hai avuto torto.
4) Ho amato molto quel tipo.
5) Ha venduto la macchina a mia cugina.
6) Ti abbiamo aspettato per mangiare.
7) Abbiamo mangiato senza pane.
8) E' ciò che ho visto.
9) Hanno guardato la televisione ieri sera.
10) Oggi abbiamo mangiato spaghetti alla bolognese.

translate, then give the negative answer:

1) Did your teeth ache last week?
2) Did you sneeze a little while ago?
3) Did you have a sore throat two weeks ago?
4) Did she rest after her work yesterday?
5) Did you bring the books alone?
6) Did you have to pay?
7) Were you afraid of the dogs?
8) Did you have a nice day?

translate, then give the past participle of the following verbs:

to hope	to wait
to sleep	to find
to look	to receive
to be able to	to feel
to have to	to complete
to eat	to hold
to buy	to call
to want	to throw
to know (something)	to follow
to know (someone)	to recognize
to understand	to repeat
to prefer	to give
to forbid	to speak
to drive	to try

VERBI IRREGOLARI — PARTICIPIO PASSATO (con AVERE)
PRIMO GRUPPO

fare (to do, to make) → **fatto**

SECONDO GRUPPO

participio passato in **-so**:

accendere (to light)	→ **acceso**	**muovere** (to move)	→ **mosso**
appendere (to hang)	→ **appeso**	**perdere** (to lose)	→ **perso**
chiudere (to shut)	→ **chiuso**	**persuadere** (to persuade)	→ **persuaso**
concedere (to grant)	→ **concesso**	**prendere** (to take)	→ **preso**
decidere (to decide)	→ **deciso**	**radere** (to shave)	→ **raso**
discutere (to discuss)	→ **discusso**	**rendere** (to return)	→ **reso**
dividere (to share)	→ **diviso**	**ridere** (to laugh)	→ **riso**
mettere (to put)	→ **messo**	**sorridere** (to smile)	→ **sorriso**
mordere (to bite)	→ **morso**	**spendere** (to spend)	→ **speso**
		uccidere (to kill)	→ **ucciso**

participio passato in -to:

bere (to drink)	→ **bevuto**	**proteggere** (to protect)	→ **protetto**
cogliere (to gather)	→ **colto**	**scegliere** (to choose)	→ **scelto**
cuocere (to cook)	→ **cotto**	**scorgere** (to perceive)	→ **scorto**
dipingere (to paint)	→ **dipinto**	**scrivere** (to write)	→ **scritto**
fingere (to pretend)	→ **finto**	**spingere** (to push)	→ **spinto**
leggere (to read)	→ **letto**	**togliere** (to remove)	→ **tolto**
piangere (to cry)	→ **pianto**	**vedere** (to see)	→ **visto**
porre (to put on)	→ **posto**		**(veduto)**
chiedere (to ask)	→ **chiesto**	**rispondere** (to answer)	→ **risposto**

TERZO GRUPPO

aprire (to open)	→ **aperto**	**soffrire** (to suffer)	→ **sofferto**
coprire (to cover)	→ **coperto**	**dire** (to say)	→ **detto**
offrire (to offer)	→ **offerto**		

translate:

1) I've never taken the underground.
2) Has she already spent all the money?
3) What did you do last night?
4) Did they tell you that yesterday?
5) Have you finished the lesson?
6) Did you hear what she said?
7) Did you write down his address?
8) Did she have to do it a week ago?
9) Did the tourists have time to see a museum this morning?
10) Did they send you the books on time?

Put in the negative:

1) Gli alunni hanno risposto alle domande.
2) Mi hai fatto un bel regalo.
3) Il bambino ha pianto molto durante la notte.
4) Hanno bevuto troppo vino.
5) Ho letto il libro e ho visto la commedia.
6) Abbiamo offerto il pranzo a tutti.

CONTRARI 4 (VERBI)

1. **amare** ≠ **odiare**
   to love / to hate

2. **stare in piedi** ≠ **sedersi**
   to stand up / to sit down

3. **vestirsi** ≠ **spogliarsi**
   to get dressed / to get undressed

4. **fare in fretta** ≠ **fare con calma**
   to hurry up / to take one's time

5. **tornare** ≠ **partire/uscire**
   to come back / to go away/out

6. **trovare** ≠ **perdere**
   to find / to lose

7. **dimenticare** ≠ **ricordarsi** (di)
   to forget / to remember

8. **comprare** ≠ **vendere**
   to buy / to sell

9. **vincere** ≠ **perdere**
   to win / to lose

10. **mettere** (il cappotto) ≠ **togliere**
    to put on (coat) / to take off

11. **essere d'accordo con** ≠ **non essere d'accordo con**
    to agree with / to disagree with

12. **atterrare** ≠ **decollare**
    to land (plane) / to take off

13. **accendere** ≠ **spegnere**
    to put on, to turn on / to turn off

14. **addormentarsi** ≠ **svegliarsi**
    to fall asleep / to wake up

15. **fare attenzione a** ≠ **non fare attenzione a**
    to pay attention to / to ignore

16. **domandare** ≠ **rispondere**
    to ask / to answer

17. **spingere** ≠ **tirare**
    to push / to pull

18. **ridere** ≠ **piangere**
    to laugh / to cry

19. **dare** ≠ **prendere**
    to give / to take

20. **uscire** ≠ **restare a casa**
    to go out / to stay in

21. **essere presente** ≠ **essere assente**
    to be there / not to be there

VOCABOLARIO

	traduzione	sinonimo-associato	contrario-associato
1. probabile	likely ≠ unlikely	molto probabile = most likely	poco probabile, impossibile
2. /(una) scuola /(un) liceo /(una) classe	/school/secondary (US) high) school /class, form (US grade)	(un') università = college, (un') aula = classroom, (un) voto = mark	
3. necessario	necessary	è obbligatorio = it's a must	facoltativo = optional
4. (un) diploma	diploma	laureato = graduated	
5. essere bocciato	to fail ≠ to succeed		riuscire, avere successo = to be successful
6. un successo	a hit ≠ failure		(un) insuccesso, (un) fallimento, (un) fiasco
7. sorprendente	amazing, surprising	stupefacente, sbalorditivo, incredibile	
8. preferito	favourite		
9. sposarsi	to get married	(una) luna di miele = honeymoon, matrimonio = marriage	divorziare = to get divorced
10. visitare	to sightsee	fare visita a qualcuno = to visit someone	
11. appartenere	to belong to		possedere = to own
12. il mio proprio	my own	il mio = mine	
13. (un, una) turista	tourist		
14. (un) museo	museum	(un') arte = art, (una) chiesa = church, (un) monumento = monument	
15. sempre dritto	straight ahead		
16. a destra	to the right ≠ to the left		a sinistra
17. silenzio!	keep quiet!	chiudi il becco! shut up!	
18. (un) indirizzo	address		

LEZIONE 20

PAST (PASSATO PROSSIMO) seguito — continued

Ieri
La settimana scorsa <u>sono andato</u> = I went
Due giorni fa

- yesterday.
- last week.
- two days ago.

note: some verbs are conjugated with ESSERE in the past and agree with
the subject, e.g. Giovanna è andata.

ANDARE = TO GO

<u>sono</u> <u>andato</u>(a) = I went/have gone   <u>non</u> <u>sono</u> <u>andato</u>(a) = I didn't go
/haven't gone

<u>sei</u> <u>andato</u>(a)   <u>non</u> <u>sei</u> <u>andato</u>(a)
<u>è</u> <u>andato</u>(a)   <u>non</u> <u>è</u> <u>andato</u>(a)
<u>siamo</u> <u>andati</u>(e)   <u>non</u> <u>siamo</u> <u>andati</u>(e)
<u>siete</u> <u>andati</u>(e)   <u>non</u> <u>siete</u> <u>andati</u>(e)
<u>sono</u> <u>andati</u>(e)   <u>non</u> <u>sono</u> <u>andati</u>(e)

E' ANDATA?   Did she go?/Has she gone?

Sì, <u>ci è andata.</u>   Yes, she went/has gone (there).
No, <u>non ci è andata.</u>   No, she didn't go/hasn't gone.

note: <u>ci</u> = there — placed before the verb.

Non ci sono andato con **nessuno.**   I didn't go with anyone.
Non è **ancora** andato.   He didn't go/hasn't gone yet.
Non sono **mai** andato a **Nuova York.**   I've never gone/been to New York.
Ci sono andato solo per il weekend.   I only went for the weekend.
Non ci siamo **più** andati da allora.   We haven't been there since.
Non è accaduto/successo **niente.**   Nothing happened.

VERBI CONIUGATI con ESSERE − PARTICIPIO PASSATO

andare (to go) → **andato**
venire (to come) → **venuto**
giungere (to arrive) → **giunto**
partire (to leave) → **partito**
tornare (to come back) → **tornato**
(re)stare (to stay) → **(re)stato**
entrare (to come in) → **entrato**
uscire (to go out) → **uscito**
salire (to go up) → **salito**
scendere (to go down) → **sceso**
cadere (to fall) → **caduto**
correre (to run) → **corso**
nascere (to be born) → **nato**
crescere (to grow) → **cresciuto**
vivere (to live) → **vissuto**
morire (to die) → **morto**
rimanere (to remain) → **rimasto**
divenire (to become) → **divenuto**
diventare (to become) → **diventato**
ingrassare (to grow fat) → **ingrassato**
dimagrire (to grow thin) → **dimagrito**
invecchiare (to grow old) → **invecchiato**

ringiovanire (to get younger) → **ringiovanito**
migliorare (to get better) → **migliorato**
peggiorare (to get worse) → **peggiorato**
calare (to decrease) → **calato**
diminuire (to diminish) → **diminuito**
apparire (to appear) → **apparso**
parere (to seem) → **parso**
sembrare (to seem) → **sembrato**
accadere (to happen) → **accaduto**
succedere (to happen) → **successo**
bastare (to be enough) → **bastato**
bisognare (to be necessary) → **bisognato**
occorrere (to be necessary) → **occorso**
riuscire (to succeed) → **riuscito**
costare (to cost) → **costato**
piacere (to like) → **piaciuto**
dispiacere (to be sorry) → **dispiaciuto**
piovere (to rain) → **piovuto**
nevicare (to snow) → **nevicato**
gelare (to freeze) → **gelato**

ESSERE — PASSATO PROSSIMO

sono stato(a) = I was/have been
sei stato(a)

è stato(a)

siamo stati(e)
siete stati(e)

sono stati(e)

translate:

1) Non siamo mai andati a Cicago.
2) Non sono stata a Nuova York da molto tempo.
3) E' uscito con lei ieri sera.
4) L'incidente è accaduto di notte.
5) E' nato a Rio di Gianeiro.
6) E' morta l'anno scorso.
7) Non sono mai caduto.
8) Siamo tornati a casa dopo il lavoro.
9) E' salita.
10) Mi domando se Lei è già stato negli Stati Uniti.

translate:

1) Have you ever been to the movies with him?
2) Have you ever seen a first-rate movie?
3) She fell and broke her arm.
4) She's Italian but in spite of that was born in New York.
5) Why did you come only once to see me?
6) The husband and the wife died together.
7) He hasn't returned to the house today.
8) I've often gone to the beach.
9) We have never been to China.
10) I only went once to the zoo.
11) She was born in Europe.
12) Where were you born? — I was born in Rome.

VOCABOLARIO

	traduzione	sinonimo-associato	contrario-associato
1. Lei è fortunato(a)	you're lucky	un colpo di fortuna = a lucky break	E' sfortunato(a) = you're out of luck
2. poco fa	a little while ago		tra poco = in a little while
3. gente	company	avere gente = to have company	
4. /(un, dei) bagagli/fare le valigie	/baggage/to pack		disfare le valigie = to unpack
5. (uno) scopo	aim	(un) bersaglio = target	
6. nei guai	in a jam, in a spot	in un bel pasticcio, (una, delle) grane = a snag	
7. essere fiero	to be proud ≠ to be ashamed		avere vergogna
8. entusiasta	enthusiastic		indifferente
9. (un) sogno	dream	(un) incubo = nightmare	
10. (uno) sbaglio	mistake	(una) colpa = error	
11. (una) ditta	company, firm	società	
12. (un) pacco	package	(un) pacchetto	
13. Mi ricordi di . . .	remind me to . . .		
14. di prima qualità	first rate ≠ second rate		di qualità scadente, perdita di tempo = waste of time
15. riconoscere	to recognize	scoprire, individuare = to spot	
16. criticare	to criticize ≠ to praise	discreditare = to down	lodare, elogiare
17. fare progressi	to make progress	migliorare = to improve	
18. dritto	straight ≠ crooked		storto
19. (la) folla	crowd, mob	(la) gente = people	

LEZIONE 21

STARE PER + INFINITIVE   = GOING TO . . .

Sto per mangiare.   = I'm going to eat.

Stiamo per partire.   = We're going to leave.

AVERE/ESSERE APPENA + PAST PARTICIPLE = TO HAVE JUST

Abbiamo appena finito.   = We've just finished.

E' appena partito.   = He has just left.

---

translate:

1) Ho appena finito di scrivere una lettera.
2) Abbiamo appena finito di bere il caffè.
3) E' appena salita.
4) Sta per uscire.
5) L'aeroplano sta per decollare.
6) Quella povera donna sta per morire.

translate:

1) I've just finished reading the book.
2) Jane has just left.
3) Make up your mind!
4) They've just bought a new apartment.
5) He just went out.
6) He's going to go out in a little while.
7) We've just finished packing.
8) She's cheating on her husband.

ANCORA = MORE

Ancora pane per favore!	= More bread please!
Ne vuole ancora?	= Do you want some more?

note: — in a restaurant, you use 'ancora': More water please! =
    Ancora acqua per favore!
  — ancora uno(a) = another one please.
  — ancora un po' = another little bit.

SEMPRE/ANCORA = STILL

E $\begin{smallmatrix}\text{ancora}\\\text{sempre}\end{smallmatrix}$ **malato?**	= Is he still sick?
Sì, è $\begin{smallmatrix}\text{ancora}\\\text{sempre}\end{smallmatrix}$ **malato.**	= Yes, he's still sick.
No, non è più malato.	= No, he isn't sick any more.

note: SEMPRE also means 'always'.

SI = (TO) EACH OTHER

Ci si vede spesso.	= We often see each other.
Ci si ama molto.	= We love each other a lot.
Ci si vede venerdì?	= Will we see each other Friday?
Si parlano molto.	= They often talk to each other.

note: REMEMBER: 'si' also means 'one', 'you' etc. e.g. Si beve molto vino
    in Italia = One (you) drink(s) a lot of wine in Italy.

```
┌─────────────────────────────────────────────────────────────────┐
│  . . . PIACE?                    = DO YOU LIKE?                   │
│                                                                   │
│  Le piace il caffè?              = Do you like coffee?            │
│                                                                   │
│  Sì, mi piace il caffè.          = Yes, I like coffee.           │
│  No, non mi piace il caffè.      = No, I don't like coffee.      │
└─────────────────────────────────────────────────────────────────┘
```

note: — Le piacciono questi quadri? = Do you like these pictures?
      — gli piace il caffè = he likes coffee.
      — le piace il caffé = she likes coffee.
      — il caffè piace loro = they like coffee.

translate:

1) Vuole ancora del vino?
2) Non è più malata.
3) Ci si parla spesso.
4) Io non voglio più pane. Lei ne vuole ancora?
5) Ci si scrive molto tutto l'anno.
6) Avete sempre intenzione di divorziare?
7) Volete ancora qualche cosa?
8) Si amano molto.
9) Ancora dell' acqua, per favore!
10) Avete ancora problemi con il capufficio?
11) Hai intenzione di domandare ancora soldi a tuo padre?
12) Le piace il caffè? — No, non mi piace.
13) Le piacciono i gelati italiani? — Sì, mi piacciono molto.
14) Qui si parla italiano.

translate:

1) They still love each other.
2) Are they still living in New York?
3) Do you still want to take a trip with me?
4) They often talk to each other.
5) Is she still worried about her kids' health?
6) Do you want some more bread? — No, I don't want any more, thank you.
7) Are you still taking medicine for your sore throat?
8) Does it still hurt?
9) Do you like carrots? - Yes, I like them.
10) One eats a lot of fish in Italy.

```
WATCH OUT!
              PRESENT                              PAST

— I've been married for two years.    — I've never been married.
  Sono sposata da due anni.             Non sono mai stata sposata.

— They've lived here for ten years.   — They lived here for ten years.
  Abitano qui da dieci anni.            Hanno abitato qui per dieci anni.

— I haven't spoken to her for a       — I spoke to her last week.
  week.                                 Le ho parlato la settimana
  Non le parlo da una settimana.        scorsa.

— He's worked for two hours.          — He worked for two hours.
  Lavora da due ore.                    Ha lavorato per due ore.
```

note: remember our present perfect can also be translated by the Italian
      present.

translate:

1) We've been working for two hours, but he only worked one hour.
2) They've been eating since noon. They've already eaten all the chicken.
3) We've been taking Italian lessons for two years. We took fifty lessons last year.
4) Have you ever been to New York? — Yes, I went last year.
5) She's been sleeping for ten hours. She slept ten hours last night too.
6) You've been watching TV for an hour. You watched it all day long yesterday.
7) They've been living in Rome for five years. Before that they lived in Paris for a year.
8) The kids have been playing for two hours. They played with their pals yesterday for two hours also.
9) He's been working for this company for twelve years. He worked for the other one only two years.
10) They've been quarrelling for half an hour. They quarrelled all day long yesterday.

AVVERBI E LOCUZIONI (ADVERBS AND PHRASES) 4

1. **circa (un'ora)**	(an hour) or so	14. **dall'inizio**	from the first
2. **davvero**	indeed	15. — **definitiva-mente**	— for good
3. — **ancora** — **sempre**	still	— **permanente-mente**	— permanently
4. **uno su dieci**	one out of ten	16. — **tutto il giorno**	— all the day long
5. **per sbaglio**	by mistake	— **durante tutto il giorno**	
6. **a meno che**	unless		
7. **inoltre**	furthermore	17. — **fortunata-mente**	— fortunately
8. **lo stesso**	all the same	— **per fortuna**	— luckily
9. — **poco fa (passato)** — **tra poco (futuro)**	— a little while ago — in a little while	18. — **dappertutto** — **in qualunque posto**	— all over — anywhere
10. **per un certo tempo**	for a while	19. — **in qualche posto**	— somewhere
11. — **di gran lunga** — **di molto**	by far	— **in nessun posto**	— nowhere
12. — **di fatto** — **effettiva-mente**	— in fact — as a matter of fact	20. — **come al solito**	— as usual
		21. **in più**	in addition to
		22. **in questo caso**	if so
13. **di qui a (l'inverno)**	by (winter)	23. **per così dire**	so to speak
		24. **come**	as
		25. — **tuttavia** — **lo stesso**	still, all the same

VOCABOLARIO

	traduzione	sinonimo-associato	contrario-associato
1. arrabbiato	angry ≠ satisfied	furioso, andare in collera = to lose one's temper	soddisfatto, contento = pleased
2. avere intenzione di	to plan to	sto per = I'm going to	
3. coraggioso	brave ≠ cowardly		vigliacco, codardo
4. prepararsi	to get ready	lavarsi = to get washed	sono pronto(a) = I'm ready
5. solito	usual ≠ unusual	tipico = typical	insolito, raro
6. /molto/piuttosto	/very/rather	del tutto = quite	appena = hardly
7. pulito	clean ≠ dirty		sporco
8. (un) compleanno	birthday	rallegramenti = congratulations	
9. raggiungere	to catch up ≠ to fall behind		restare indietro
10. – ancora qualche cosa?	– something else?	qualcun altro = someone else, altrove = somewhere else	nient'altro = nothing else
– chi altro?	– who else?		
– che cos'altro?	– what else?		
11. ho paura	I'm afraid	sono spaventato = I'm frightened	
12. (un) tiro	a trick	(una) trappola = a trap	
13. Lei imbroglia	you're cheating	note: to cheat on s.o. = ingannare qualcuno	
14. secondo	according to		
15. ho paura che	I'm afraid that		
16. Si decida	make up your mind		indeciso = undecided
17. (un) risultato	result	(una) conclusione, (una) soluzione	
18. (un, un') idiota	idiot, fool	un cretino, uno sciocco, un'asino = an ass	

LEZIONE 22

PAST IMPERFECT (IMPERFETTO) = WAS + ING

Guardavo la televisione ⟨ **mentre leggeva.**
 quando è venuto.

I was watching TV ⟨ while he/she was reading.
 when he came in.

note: — this tense is most often used for an action that was going on at a
certain time.
— what is VITAL is to distinguish between the passato (I went/have
gone) and the imperfetto, which is usually used with another verb
in a sentence and which implies duration: I was eating while he was
talking = mangiavo mentre parlava.
— it answers the question: what were you doing when . . . ?

IMPERFETTO

VERBI IN '-ARE'

parlavo	= I was speaking when . . .
parlavi	= you were speaking
parlava	⟨ he/she was speaking ⟨ you were speaking
parlavamo	= we were speaking
parlavate	= you were speaking
parlavano	⟨ they ⟨ you were speaking

note: the above endings are added to the stem of the verb.

117

IMPERFETTO

VERBI IN '-ERE'	VERBI IN '-IRE'
prend<u>evo</u> = I was taking	**fin**<u>ivo</u> = I was finishing
prend<u>evi</u>	**fin**<u>ivi</u>
prend<u>eva</u>	**fin**<u>iva</u>
prend<u>evamo</u>	**fin**<u>ivamo</u>
prend<u>evate</u>	**fin**<u>ivate</u>
prend<u>evano</u>	**fin**<u>ivano</u>

note: the above endings are added to the stem of the verb.

IRREGULAR VERBS – VERBI IRREGOLARI

IMPERFETTO

bere = to drink	**condurre** = to lead	**dire** = to say
bevevo	**conducevo**	**dicevo**
bevevi	**conducevi**	**dicevi**
beveva	**conduceva**	**diceva**
bevevamo	**conducevamo**	**dicevamo**
bevevate	**conducevate**	**dicevate**
bevevano	**conducevano**	**dicevano**

essere = to be	**fare** = to do	**porre**
ero	**facevo**	**ponevo**
eri	**facevi**	**ponevi**
era	**faceva**	**poneva**
eravamo	**facevamo**	**ponevamo**
eravate	**facevate**	**ponevate**
erano	**facevano**	**ponevano**

insert the *passato prossimo* or the *imperfetto:*

1) Pietro . . . (venire) quando noi . . . (mangiare).
2) Tu . . . (leggere) un libro quando io . . . (venire).
3) Giovanni . . . (parlare) col direttore quando io . . . (entrare) nell'ufficio.
4) Alle otto Maria . . . (partire) mentre noi . . . (lavorare) ancora.
5) Le segretarie . . . (parlare) quando il direttore . . . (entrare) nella stanza.
6) Quando io . . . (uscire), . . . (piovere).
7) Quando tu mi . . . (telefonare), io . . . (fare) il bagno.
8) Tu . . . (avere) un'aria triste quando io ti . . . (incontrare) ieri.

DORMIVA QUANDO LE HO
TELEFONATO?   = Were you sleeping when I called?

Sì, dormivo quando mi ha telefonato.
No, non dormivo quando mi ha telefonato.

PARLAVANO MENTRE   = Were they talking while you were
SCRIVEVA?   writing?

Sì, parlavano mentre scrivevo.
No, non parlavano mentre scrivevo.

translate:

1) Were you crying when I came in?
2) What were you doing when I called?
3) They were drinking wine while we were watching TV.
4) She was reading while he was talking with his boss.
5) We were celebrating my birthday when it happened.
6) What were you saying when she entered the room?
7) I was working while you were playing with the kids.
8) I did that experiment when I was working for him.

translate:

1) Che facevate ieri mentre dormivo?
2) Mangiavo quando sei venuto.
3) Rispondevo alle domande mentre gli altri alunni ascoltavano.
4) I bambini guardavano la televisione mentre i genitori leggevano.
5) Bevevamo mentre tu lavoravi.
6) Quando mi hai telefonato, facevo la doccia.
7) Facevo il bagno quando sei entrato nella stanza da bagno.
8) Stava venendo a trovarci quando è successo l'incidente.

1. **così da**	so as to		15. **se solo**	if only
2. **– ora** **– al momento**	– at present – for the time being		16. **poichè è così**	in the circumstances
			17. **sicuramente**	definitely
3. **– a proposito** **– incidental-** **mente**	– by the way – incidentally		18. **definitivamente**	for good
			19. **completamente**	altogether
4. **in un modo o** **in un altro**	somehow		20. **il colmo**	the limit
5. **– a tutti i** **costi**	– by all means		21. **ogni conto** **fatto**	all in all
– con ogni **mezzo**	– by any means		22. **che altro?**	what else?
6. **in qualche** **modo**	in a way		23. **non importa**	no matter
			24. **più tardi**	later on
7. **dopo tutto**	after all		25. **dal momento** **che**	as long as
8. **sempre più**	more and more		26. **qualunque**	whatever
9. **la sera dopo**	the following night		27. **fino a qui**	up to now
10. **– tra una** **settimana** **– oggi a otto**	– a week from today		28. **fino a domani**	till tomorrow
			29. **fino a quando?**	how long?
11. **poco tempo** **prima**	shortly before		30. **fino** (place) **– fino alla** **stazione** **– fino là**	as far as – as far as the station – as far as that
12. **indipendente-** **mente da**	apart from			
13. **qualunque sia**	regardless			
14. **in breve**	to make a long story short			

VOCABOLARIO

	traduzione	sinonimo-associato	contrario-associato
1. preferirei andarci	I'd prefer going	mi piacerebbe di più = I'd rather	
2. (un) ospite	guest	invitato	(un) ospite = host
3. /deludere /(una) delusione	/to disappoint /disappointment	mi ha deluso = he let me down	
4. guadagnare soldi	to earn	guadagnar da vivere = to earn one's living	(la) disoccupazione = unemployment
5. si diverta	enjoy yourself	ci siamo divertiti molto = we had a good time	
6. esagerare	to exaggerate	passare i limiti = to go too far	
7. un esperimento	an experiment		
8. capita che	it happens that		
9. trovo che	I feel that	penso che = I think that	
10. proteggere	to protect		
11. controlli che	make sure (that)		
12. cattivo	naughty ≠ good	un ragazzaccio = a brat	buono
13. ricevere	/to receive /to entertain	(un) ricevimento = party, festeggiare = to celebrate	
14. permettere	to permit ≠ to forbid		proibire
15. piuttosto che	rather than		
16. benvenuto!	welcome!	faccia come a casa Sua = to make yourself at home	
17. urlare	to yell	gridare = to shout	sussurrare = whisper
18. battersi	to fight	lottare = to struggle	
19. (un) pederasta	a queer ≠ lesbienne	omosessuale = homosexual	(una) lesbica
20. (una) squillo	call girl, prostitute	(un) casino, (un) bordello = brothel	(un,una) ruffiano(a), (un) magnaccia = pimp, Madam

LEZIONE 23

CONDITIONAL — second form

SE <u>AVESSI</u> IL DENARO, <u>COMPREREI</u> UNA MACCHINA.
past subjunctive + conditional

If I <u>had</u> the money, I <u>would</u> buy a car.

SE LEI AVESSE IL DENARO, COMPREREBBE UNA MACCHINA?

If you had the money, would you buy a car?

Sì, se <u>avessi</u> il denaro, <u>comprerei</u> una macchina.
No, se <u>avessi</u> il denaro, non <u>comprerei</u> una macchina.

note: this is not a problem as it follows the same structure as in English,
except that you form the first part of the sentence with the <u>past
subjunctive</u> (imperfetto congiuntivo): <u>se avessi</u> (both 'se ho avuto'
and 'se avevo' are wrong).

CONDITIONAL

VERBI IN '-ARE' '-ERE'		**VERBS IN '-IRE'**	
comprerei		finirei	
compreresti		finiresti	
comprerebbe	would buy	finirebbe	would finish
compreremmo		finiremmo	
comprereste		finireste	
comprerebbero		finirebbero	

note: add the above endings to the stem of the verb.

note: all verbs with an irregular future have the same irregularity in the conditional, only the endings change: e.g. andare (to go): future → andrò, conditional → andrei, andresti, andrebbe, andremmo, andreste, andrebbero; bere (to drink): future → berrò, conditional → berrei, berresti, berrebbe, berremmo, berreste, berrebbero; venire (to come): future → verrò, conditional → verrei, verresti, etc.

PAST SUBJUNCTIVE		
VERBS IN '-ARE'	VERBS IN '-ERE'	VERBS IN '-IRE'
(se) parlassi	(se) vedessi	(se) capissi
parlassi	vedessi	capissi
parlasse	vedesse	capisse
parlassimo	vedessimo	capissimo
parlaste	vedeste	capiste
parlassero	vedessero	capissero

note: add the above endings to the stem of the verb.

IRREGULAR VERBS — VERBI IRREGOLARI

PAST SUBJUNCTIVE

bere (to drink)	→ bevessi	essere (to be)	→ fossi
condurre (to lead)	→ conducessi	fare (to do)	→ facessi
dare (to give)	→ dessi	porre (to put)	→ ponessi
dire (to say)	→ dicessi	stare (to stay)	→ stessi

compare:

Se sono malato, vado dal dottore.	If I'm sick, I'll go to the doctor.
Se fossi malato, andrei dal dottore.	If I were sick, I would go to the doctor.
Se hanno tempo, vengono.	If they have time, they'll come.
Se avessero tempo, verrebbero.	If they had time, they'd come.
Se devo farlo, mi arrabbio.	If I have to do it, I'll be angry.
Se dovessi farlo, mi arrabbierei.	If I had to do it, I'd be angry.

translate, then put in the first IF form:

e.g. Se tu fossi malato, andresti dal dottore?
- If you were sick would you go to the doctor?
- Se sei malato, vai dal dottore?

1) Se tu avessi i soldi, compreresti un nuovo appartamento?
2) Se Lei potesse, mi aiuterebbe?
3) Se i turisti avessero tempo, andrebbero a vedere i musei?
4) Se la commedia fosse un fiasco, andremmo a vederla lo stesso?
5) Se Lei non capisse, me lo direbbe?
6) Se la ditta avesse successo, il padrone sarebbe contento.
7) Se tu divorziassi, saresti infelice?
8) Se piovesse, prenderemmo un ombrello.
9) Se dovessimo farlo, lo faremmo.
10) Se facesse brutto tempo, non faremmo la passeggiata.
11) Se avessimo fame, finiremmo la carne di ieri sera.
12) Se lei non potesse venire, tu verresti solo?

translate, then answer in the negative:

1) If that book belonged to you, would you lend it to me?
2) If you were late, would you call me up?
3) If you were a tourist would you go to the New York Museum of Modern Art?
4) If you were tired would you go to sleep in my bedroom?
5) If they were rich, would they travel?
6) If we had to choose a dentist, would we choose that one?
7) If you failed the test, would you go on working?
8) If I had to choose a husband, would I take yours?
9) If we didn't have so much money, could we go to Paris?
10) If you could buy those cigarettes, would you give me some?
11) If she found a pretty apartment, would she buy it?
12) If that dress were on sale, would I take it?
13) If it rains, will we go anyway?
14) If it were sunny outside, would we stay at home?
15) If you work part-time, can you earn enough money?
16) If her husband criticises her all the time, will she leave him?

VOCABOLARIO

	traduzione	sinonimo-associato	contrario-associato
1. colpire	to hit	picchiare, battere = to beat, dare una sculacciata = to spank	
2. mentire	to lie ≠ to tell the truth	(una) bugia = a lie	dire la verità
3. sembrare	to look	sembra stanco = you look tired	
4. come se	as though		
5. mi sembra vada bene	it sounds good		
6. che disordine!	what a mess!		
7. /ho nostalgia della famiglia /la famiglia sente la mia mancanza	/I miss my family /my family misses me		
8. andiamo!	let's go!	su, andiamo! = come on!	
9. incinta	pregnant		(un) aborto = abortion
10. timido	shy ≠ outgoing		sfrontato
11. (il) nord	North	sud, est, ovest	
12. /(la) Francia /(gli) Stati-Uniti /(l') Italia/(la) Cina	/France/the United States/Italy/China	francese, americano, italiano, cinese	
13. – Germania – Spagna – Inghilterra – Africa	– Germany – Spain – England – Africa	tedesco, spagnolo, inglese, africano	
14. precedente	previous		l'ultimo = the latter
15. quante storie!	what a fuss!	fare storie = to make a fuss	
16. indovinare	to guess	a caso = by guess-work	
17. /senz'altro/sono stufo(a)!	/you bet!/I'm fed up!		

LEZIONE 24

HELP!!!

CONDITIONAL — third form

Compare with first form page 88

Se ho denaro, compro una macchina.
If I have money, I'll buy a car.

second form page 122

Se avessi denaro, comprerei una macchina.
If I had money, I'd buy a car.

third form

SE AVESSI AVUTO DENARO, AVREI COMPRATO UNA MACCHINA.
IF I HAD HAD MONEY, I WOULD HAVE BOUGHT A CAR.

note: this is extremely complex — **the killer!!!**

PAST PERFECT SUBJUNCTIVE = PAST SUBJUNCTIVE OF AVERE + PAST PARTICIPLE		PAST CONDITIONAL = CONDITIONAL OF AVERE + PAST PARTICIPLE	
Se	avessi		avrei	
	avessi		avresti	
	avesse	avuto	avrebbe	comprato
	avessimo		avremmo	
	aveste		avreste	
	avessero		avrebbero	

note: the verbs conjugated with ESSERE in the past are also conjugated with ESSERE in these tenses as in all other COMPOUND TENSES (see page 108 for the list).

SE AVESSE AVUTO DENARO AVREBBE COMPRATO UNA
MACCHINA?
If you had had money, would you have bought a car?

Sì, se <u>avessi</u> avuto denaro, <u>avrei comprato</u> una macchina.
No, se <u>avessi avuto</u> denaro, <u>non avrei comprato</u> una macchina.

SE FOSSE STATO MALATO SAREBBE ANDATO A LETTO?
If you had been sick, would you have gone to bed?

Sì, se <u>fossi stato</u> malato, <u>sarei andato</u> a letto.
No, se <u>fossi stato</u> malato, <u>non sarei andato</u> a letto.

SE E' NECESSARIO FARLO, LO FARO'.
If I have to do it, I'll do it.

SE FOSSE NECESSARIO FARLO, LO FAREI.
If I had to do it, I'd do it.

SE FOSSE STATO NECESSARIO FARLO, LO AVREI FATTO.
If I had had to do it, I would have done it.

SE POSSO, VENGO.
If I can I'll come.

SE POTESSI, VERREI.
If I could, I'd come.

SE AVESSI POTUTO, SAREI VENUTO.
If I could have, I would have come.

SE SONO MALATO, VADO DAL MEDICO.
If I'm sick, I'll go to the doctor.

SE FOSSI MALATO, ANDREI DAL MEDICO.
If I were sick, I'd go to the doctor.

SE FOSSI STATO MALATO, SAREI ANDATO DAL MEDICO.
If I had been sick, I would have gone to the doctor.

SE SONO RICCO, COMPRO UNA MACCHINA.
If I'm rich, I'll buy a car.

SE FOSSI RICCO, COMPREREI UNA MACCHINA.
If I were rich, I'd buy a car.

SE FOSSI STATO RICCO, AVREI COMPRATO UNA MACCHINA.
If I had been rich, I would have bought a car.

give the second and third forms of IF:

e.g. Se Giovanna viene, mi aiuta.
      — Se Giovanna venisse, mi aiuterebbe.
      — Se Giovanna fosse venuta, mi avrebbe aiutato.

1) Se non devo lavorare, gioco col gatto.
2) Se piove, non andiamo.
3) Se Lei non mi impresta denaro, non posso comprare una macchina.
4) Se ho tempo, cerco un lavoro migliore.
5) Se vuole, andiamo al cinema.
6) Se posso scegliere, prendo questo.
7) Se il museo è aperto, ci andiamo.
8) Se il telefono suona, non rispondo.
9) Se ho i soldi, compro una casa in campagna.
10) Se Mario arriva oggi, sono contento.

translate into the three Italian conditional forms:

e.g. If I'm sick, I'll go to the doctor.
      — Se sono malato, vado dal medico.
      — Se fossi malato, andrei dal medico.
      — Se fossi stato malato, sarei andato dal medico.

1) If I work part-time, I won't have enough money.
2) If I have to do the dishes, will you help me?
3) If everything goes wrong, I'll go to bed.
4) If she can't write, she'll call.
5) If you continue to yell, I'll hang up.
6) If you disappoint me again, I'll leave you.
7) If he earns a lot of money, I'll marry him.
8) If you have a headache, you can rest.
9) If you're good, I won't spank you.
10) If you plan to go, you must tell me.
11) If you lie again, I'll be fed up.
12) If you want to get your plane, you must pack now.

VOCABOLARIO

	traduzione	sinonimo-associato	contrario-associato
1. orario ridotto	part-time ≠ full-time	a mezza giornata	orario completo, a tempo pieno
2. (un) sindacato	union	far sciopero = to go on strike	
3. famoso	famous		sconosciuto = unknown
4. lamentarsi	to complain ≠ to be satisfied	protestare, brontolare = to kick (grumble)	essere soddisfatto, esser/contento (di)
5. (una) ragione	reason	(una) spiegazione = explanation, (un) particolare = detail	(un) fatto = fact
6. (un') idea	idea	(un) pensiero = thought	
7. si rende conto?	do you realize?		non mi sono reso conto = I didn't realize
8. (un) incidente	accident	(un) disastro, (una) catastrofe	
9. /disturbare /dare fastidio	/to annoy, bother /to disturb	seccare, scocciare = to bug	
10. /che seccatura! /che scocciatura!	what a nuisance!		
11. romper le scatole (a)	to be a pain in the neck	(un) rompiscatole = a pain in the ass	
12. aver la sfacciataggine (di)	to have guts	(la) faccia tosta = nerve	
13. litigare	to argue ≠ to get on	bisticciare = to quarrel	andare d'accordo
14. (una) disputa	an argument	(una) lite, (un) litigio = a quarrel	
15. principale	main	dominante = leading	
16. persuadere	to persuade	convincere = to convince	
17. chiaro	clear ≠ vague	evidente = obvious	vago, impreciso
18. non so (guidare)	I don't know how (to drive)		

LEZIONE 25

SEQUENCE OF TENSES = CONCORDANZA DEI TEMPI

Dice che verrà.
present + future

He <u>says</u> <u>he'll come</u>.

Ha detto
Diceva che sarebbe venuto.
past   + past conditional.

He said <u>he'd come</u>/he said he
<u>would have come</u>.

note: — note the use of the past conditional (and not the present conditional)
for the sequence of tenses. The Italians say: he said he 'would have'
come, to mean 'he said he would come'.
— note the use of either the past or the imperfect (<u>ha detto</u> . . . ,
<u>diceva</u> . . .)

HA DETTO CHE AVREBBE
TELEFONATO?

Did he say he would call?
/he would have called?

Sì, ha detto che avrebbe
telefonato.

Yes, <u>he said</u> <u>he would call</u>/
<u>he would have called</u>.

No, ha detto che non avrebbe
telefonato.

No, <u>he said</u> <u>he wouldn't call</u>
/<u>he wouldn't have called</u>.

put in the past:

1) Dice che farà subito le valigie.
2) Ti dico che partirò domenica.
3) Scrive che verrà la settimana prossima.
4) Sappiamo già che saremo bocciati all'esame.
5) So che un giorno o l'altro tornerà a casa.
6) Sappiamo che con questo libro parleremo presto e bene l'italiano.
7) Ti dico che andrò in Italia per le vacanze.
8) Scrivono che passeranno da Roma in settembre.
9) Mi rendo conto che non parlerò italiano in pochi giorni.
10) Ha la faccia tosta di dire che pagherà più tardi.
11) Stanno litigando per sapere chi non farà i lavori di casa.
12) Non si rende conto che se non uscirà alle otto perderà il treno.
13) Vanno sempre d'accordo quando si tratta di decidere quale film guarderanno alla televisione.
14) Quel rompiscatole dice che aspetterà anche due ore per parlare con Lei.

put in the present:

1) Sapevo che sarebbe venuto.
2) Abbiamo detto che saremmo andati al cinema.
3) Lo scrittore pensava che il suo libro sarebbe stato il migliore dell'anno.
4) Mi ha detto che gli sarebbe piaciuto lavorare a orario ridotto.
5) Si rendeva conto che il fatto di scrivere questo libro gli avrebbe preso troppo tempo.
6) Sapevo che non saresti stato capace di farlo.
7) Mi sono reso subito conto che quello scocciatore non sarebbe partito subito.
8) Abbiamo letto nel giornale che il tempo sarebbe stato pessimo.
9) Dicevano che avrebbero fatto sciopero.
10) Il medico diceva che sarebbe morto.
11) Il bandito non pensava che sarebbe stato arrestato sul luogo della rapina.
12) Quella carogna diceva che avrebbe accettato con piacere una bustarella.

translate:

1) I knew that you would help us.
2) I knew you wouldn't be satisfied.
3) She said that she'd know how to drive by Christmas time.
4) I knew you'd quarrel with my mother.
5) I thought I could do it.
6) All of us thought the prices would go down.
7) The candidate thought they'd vote for him.
8) I knew you'd be lucky.
9) He said he'd arrive on time.
10) I didn't think he'd kick about the decision.
11) We thought that you'd be able to write.
12) Didn't you realize that I could help you?

answer in Italian in the negative:
e.g. Non sapevi che sarei venuto a trovarti?
    No, non sapevo che saresti venuto a trovarmi.

1) Non pensavi che avrei telefonato prima delle otto?
2) Non sapevate che oggi avremmo fatto sciopero?
3) Non avete pensato che il bandito avrebbe tirato?
4) Non immaginava che quel tipo avrebbe voluto una bustarella?
5) Non pensavi che oggi sarebbe piovuto?
6) Non mi ha detto che avrebbe finito quel lavoro per martedì?
7) Non sapeva che L'avrei amata pazzamente?
8) Non pensava che si sarebbe trovata nei guai?
9) Non immaginava che Suo marito L'avrebbe ingannata?
10) Non sapevano che il padre li avrebbe puniti?
11) Non ha pensato che avrei potuto aiutarLa?
12) Non ha detto la Sua segretaria ieri che avrebbe subito scritto e spedito la lettera?

VOCABOLARIO

	traduzione	sinonimo-associato	contrario-associato
1. (un) fuoco	fire	(un) pompiere = fireman	
2. /(un) gangster /(un) truffatore	/gangster/crook	(un) malvivente, (un) bandito = robber, (un) ladro = thief	
3. rubare	to steal, to swipe		
4. (una) prigione	jail, prison	in guardina = in the clink	
5. arrestare	to arrest ≠ to release	pizzicare = to nab	rilasciare
6. un furto con scasso	a burglary	(una) rapina = hold-up	
7. /uccidere/(un) assassino/(un) delitto	/to kill/a murderer /a murder	un sicario = a killer	
8. /tirare/abbattere	/to shoot/to gun down	(una) rivoltella = gun, (una) pallottola = bullet	
9. onesto	honest ≠ crooked	retto = straight	disonesto, losco
10. (una) carognata	dirty trick	(un) colpo mancino, (un) brutto tiro = low deal	
11. (una) bustarella	bribe	unger le ruote = to buy s.o.	
12. (un,una) giornalista	journalist	(un,una) cronista = reporter	
13. /(un) politico /(un) politicante	/politician/dabbler in politics	la politica = politics	
14. (un) candidato	candidate	votare = to vote	
15. (una,delle) circostanze	circumstances		
16. la droga	drugs	l'haschisc = pot	
17. evadere	to escape	scappare = to get away	
18. infinocchiare	to hustle	farsi beffe di = to take s.o. in	
19. la malavita	the underworld		
20. la sua tattica è ...	his policy is ...		

VOCABOLARIO

	traduzione	sinonimo-associato	contrario-associato
21. raggiungere	to reach	arrivare a = to get to	
22. fin troppo bene	only too well		
23. non poter trattenersi da	can't help+ing	non ho potuto trattenermi dal ridere = I couldn't help laughing	
24. essere lì lì per	almost + verb	sono stato lì lì per cadere = I almost fell	
25. su, via!	come now!	non la bevo = I don't buy it	
26. (una) forza	strength ≠ weakness	il forte = strong point	debolezza, il punto debole = weak point
27. La disturbo se...?	would you mind if...?		non mi disturba affatto = I don't mind
28. ci ho messo un'ora	it took me an hour		
29. e inoltre	in addition to that	così come = as well as	
30. sveglio	awake ≠ asleep		addormentato
31. /(una) vita /vivo	/life/alive		a morte = death, morto = dead
32. morire	to die		nascere = to be born
33. notare	to notice		
34. (una, delle) sciocchezze	nonsense	sciocco, stupido = silly	
35. terribilmente	like crazy!	maledettamente!	
36. (Che) cosa mai...	what on earth ...	Che diavolo ... Dio mio! = My God!	
37. /suggerire/(un) suggerimento	/to suggest /suggestion	proporre, consigliare = to advise un consiglio = a piece of advice	
38. è colpa mia	it's my fault		
39. in caso che	in case		

LEZIONE 26

PAST PERFECT (TRAPASSATO PROSSIMO)

QUANDO <u>SONO ENTRATO</u> ‹ **<u>AVEVANO</u> GIA' <u>MANGIATO</u>.**
<u>ERANO</u> GIA' <u>USCITI</u>.

When I <u>came</u> in   they <u>had</u> already <u>eaten</u>.
                         they <u>had</u> already <u>gone</u> out.

note: — this is the same structure as in English (an action 'paster' than
        another action).
       — the verbs conjugated with ESSERE in the past are also conjugated
        with ESSERE in this tense (see page 108 for the list).

translate:

1) He said he had seen a tiger in the zoo.
2) I was sure that I had seen him before.
3) By the time he came we had already eaten.
4) She said she had got divorced because he had cheated on her.
5) When she refused this job, she had already accepted another one.
6) She didn't believe him any more, because he hadn't always told her the truth.
7) He was afraid because someone had followed him.
8) She told me she had found a great diet.
9) He had already gone out when I called.
10) She wanted to know what had happened between them.

complete the following sentences using the TRAPASSATO PROSSIMO:

1) Ha detto che ti . . . (aspettare) tutto il giorno.
2) Ha detto che . . . (venire) invano.
3) Ha detto che . . . (prendere) l'aereo.
4) Ha scoperto tardi che sua moglie l' . . . (ingannare).
5) Mi sono reso conto che il signor Bianchi . . . (fare) uno sbaglio quando ho verificato il libro dei conti.
6) Quando sono arrivata, essi già . . . (affittare) la casa.
7) (Tu) . . . (finire) i compiti quando sono entrato?
8) Avete detto che già . . . (vedere) il film?
9) Perchè avete detto che . . . (perdere) la grana?
10) Non avete pensato che quel tipo . . . (fare) il poliziotto quando era giovane.
11) Ti ho detto che . . . (perdere) la borsetta e che ne (comprare) un'altra?
12) Maria ti ha detto che . . . (venire) in bicicletta?
13) L'artista . . . (morire) quando i suoi dipinti sono diventati celebri.
14) Perchè non mi hai detto che tuo marito ti . . . (mentire)?
15) Perchè sua moglie gli ha detto che . . . (partire)?
16) Quando ti ho telefonato noi . . . (finire) di mangiare.
17) Il ladro correva perchè . . . (vedere) i poliziotti.
18) Il commerciante era soddisfatto perchè . . . (guadagnare) molto denaro.
19) Gli studenti erano contenti perchè le vacanze . . . (cominciare).
20) Non ho mangiato il pompelmo perchè già . . . (mangiare) una mela e due pesche.
21) Ha cominciato una dieta perchè . . . (ingrassare) troppo.
22) Quando la polizia lo ha arrestato, il bandito . . . (tirare) già due volte.
23) Quando il proprietario è arrivato, il ladro . . . (rubare) i gioielli e il denaro.
24) Quando ho visto quel film ci ho messo un'ora a scoprire chi . . . (pagare) il sicario per uccidere il testimone.

TO GET: how to translate

RICEVERE, AVERE

L'ho avuto/ricevuto ieri.
I got it yesterday.

Quando lo avrò?
When will I get it?

DIVENTARE

Diventa vecchio.
He's getting old.

Diventa interessante.
It's getting interesting.

ARRIVARE

Siamo arrivati tardi.
We got there late.

Non arriviamo in nessun luogo.
We're getting nowhere.

SGRIDARE

Ti farai sgridare!
You are going to get it!

Mi sono veramente fatto sgridare quando sono rincasato tardi.
I really got it when I came back late.

CAPIRE

Capito?
Get it?

Non La capisco.
I don't get you.

PROCURARE

Può procurarmi quel libro?
Can you get me that book?

Se lo è procurato al mercato.
He got it in the market.

AVERE LA COMUNICAZIONE (phone), PARLARE CON

Hai potuto parlare con lui?
Did you get him?

Non ho potuto parlare con lei.
I didn't get her.

GUADAGNARE

Guadagno sei mila lire all'ora.
I get six thousand lires an hour.

Spero di guadagnare di più il mese prossimo.
I hope, I'll get more money next month.

translate:

1) Soon it'll get dark earlier.
2) Could you repeat it please? I didn't get it.
3) If you don't shut up, you're going to get it.
4) Did you get here yesterday or this morning?
5) When you go to Italy, can you get me some Italian wine?
6) Where did he get this beautiful jacket?
7) Could you explain it to me? I don't get it.
8) I think you should try to get your diploma this year.

VOCABOLARIO

	traduzione	sinonimo-associato	contrario-associato
1. terminare	to complete ≠ to start	finire = to finish	cominciare, iniziare, avviare
2. (una) condizione	condition	(una) posizione, (uno) stato = state	
3. andar male	to go wrong	peggiorare = to get worse	migliorare = to get better
4. (un) esempio	example	(uno) stato = state	
5. (una) luce	light		(un') oscurità = dark
6. /(un) frutto /(una) pesca /(una) mela	/fruit/peach /apple	un pompelmo = a grapefruit, (un') arancia = orange	
7. così così	so-so ≠ great	non formidabile = no great shakes	formidabile
8. (una) barba	beard	rasarsi = to shave	
9. /(un) quadro /(un) artista	/a picture/an artist	dipingere = to paint, un dipinto = a painting	
10. uno scrittore	a writer	(un) romanzo = novel	
11. /(una) figura /(una) dieta	/figure/diet	la linea, (un) viso = face	
12. (un) corpo	body	(un) collo = neck, (una) spalla = shoulder	
13. troppo magro	underweight ≠ overweight	snello = slim	troppo grasso
14. dimagrire	to lose weight		ingrassare = to gain weight
15. /(un) istituto di bellezza (una) messa in piega	/beauty parlour /wash and set	(un) parrucchiere = hairdresser, (un) barbiere = barber	
16. /(uno) zoo/(un) animale/(un) animale domestico	/zoo/animal/pet	(una) tigre = a tiger, (un) leone = a lion, (un) elefante = an elephant, (un) uccello = a bird, (una) scimmia = a monkey, (un) orso = a bear, (un') anitra = a duck	

LEZIONE 27

TUTTAVIA/LO STESSO	= STILL/ALL THE SAME
E' caro, <u>tuttavia</u> lo compro.	It's expensive but <u>still</u>
E' caro ma lo compro <u>lo stesso</u>.	I'm going to buy it.

translate:

1) I'm tired but still I want to go out to dinner.
2) He's cheating on her but still she loves him.
3) It's raining but still I want to do some shopping.
4) Non voglio fare i lavori di casa ma li faccio lo stesso.
5) Sono stanco di traslocare, tuttavia ho accettato questo nuovo posto.
6) E' malata ma lavora molto lo stesso.

PARLANDO – PRESENT PARTICIPLE

parlando	<u>while</u> speak<u>ing</u>
ved<u>end</u>ola	<u>on</u> see<u>ing</u> her

note: – remember: you form the present participle by adding -ANDO to
the stem of the '-ARE' verbs and by adding -ENDO to the stem of
the '-ERE' and '-IRE' verbs (see page 80).
– remember: as with the infinitive you attach the object, whether
direct or indirect.

140

```
-ING → INFINITIVE

senza pagare                    without paying
dopo avere mangiato             after eating/having eaten
prima di andare                 before going
invece di mangiare              instead of eating
per essere venuto               for coming/having come
```

translate:

1) He went out without paying.
2) Instead of smoking you should go out for a walk.
3) He left without having eaten.
4) Before going to the movies, I'll have a sandwich.
5) After having telephoned, he went to bed.
6) She went out without talking to him.
7) She passed her exam without working.
8) The gangsters fled without stealing anything.
9) Instead of arguing we should decide what to do.
10) After reading this book, I'll write a letter to my father.
11) Without saying anything, she hit him.
12) Instead of eating now, do you want to go and see her at the hospital?
13) Thank you for coming.
14) I had already lost a lot of weight before meeting him.
15) Instead of working he was reading a paper.
16) I'm looking forward to finishing this wretched book.

DI CUI	= WHOSE, OF WHICH, ABOUT
La donna _di cui_ Le ho mostrato la foto . . .	The woman <u>whose</u> picture I showed you . . .
L'uomo _di cui_ Le ho parlato . . .	The man I spoke to you <u>about</u> . . .
La casa _di cui_ vedo il tetto . . .	The house <u>whose</u> roof I can see . . .

note: — parlare <u>di</u>: l'uomo <u>di</u> cui parlo = the man I'm speaking about.
      avere bisogno <u>di</u>: l'uomo di cui ho bisogno = the man I need.

A CUI	= (TO) WHOM
La donna _a cui_ parlo . . .	The woman whom I talk to . . .
L'uomo _a cui_ penso . . .	The man I'm thinking of . . .
Il cane _a cui_ ho dato da mangiare . . .	The dog to which I gave something to eat . . .
I bambini _a cui_ ho dato del pane . . .	The children (to) whom I gave some bread . . .

note: — parlare <u>a</u> = to speak <u>to</u>
      pensare <u>a</u> = to think <u>of</u>
      dare <u>a</u> = to give <u>to</u>
      essere abituato <u>a</u> = to be used <u>to</u>
  — IN CUI = in which, SU CUI = on which, DA CUI = from which, PER CUI = for which.

translate:

1) The man I was telling you about is my best friend.
2) The woman whose guy's French is very sexy.
3) The man whom I'm thinking about hasn't come yet.
4) Can you give me the money I need?
5) I would like the kind of coffee I'm used to.
6) He's the kind of man I need.
7) That's what I'm talking to you about.

8) The man whose brother I know will come and see you tomorrow.
9) The year in which I was born was a good year for wine.
10) The house in which I'm living belongs to my father.
11) The bridge on which we are is one way only.
12) The room in which they are is very cold.
13) The chair on which you're sitting is very old.
14) The bed on which you are is mine.

GIA' — NON ANCORA	= ALREADY — NOT YET
E' già venuto?	Has he/Did he come <u>already</u>?
Sì, è già venuto.	Yes, he has come <u>already</u>.
No, <u>non</u> è ancora <u>venuto</u>.	No, he hasn<u>'t</u> come <u>yet</u>.
No, <u>non ancora</u>.	No, <u>not yet</u>.

translate:

1) He has already eaten.
2) Has he already finished his work?
3) Have they already called? — No, not yet.
4) I've already done it.
5) He hasn't answered yet.
6) Is he already sleeping? — No, not yet.

put in the negative:

1) Ha già telefonato.
2) Ha già trovato una nuova fidanzata.
3) Hai già comprato un'Alfa Romeo?
4) Abbiamo già dato un esame.
5) Siete già andati a vedere l'Aida?
6) Ho già visto questo film.

VOCABOLARIO

	traduzione	sinonimo-associato	contrario-associato
1. farebbe meglio a	you'd better + verb		
2. /(un) ufficio postale/(un) francobollo	/post office /stamp	posta aerea = by air mail	
3. /(una) busta /(una) cartolina	/envelope /postcard	(una) lettera = letter (la) firma = signature	
4. firmare	to sign		
5. La metto in guardia (contro)	I warn you	avvertire, minacciare = to threaten	
6. testardo	stubborn	ostinato = obstinate	
7. accettare	to accept ≠ to refuse	ammettere = to admit	rifiutare, negare = to deny
8. a parer mio	in my opinion	per me = as for me	
9. deciso	settled	stabilito = set	non deciso = up in the air
10. (un) posto	job, work	(un) impiego, (una) funzione = function	
11. andare in pensione	to retire	dare le dimissioni = to resign	
12. traslocare	to move	stabilirsi = to move in	
13. (un) camion	lorry, truck	(il) furgone = van	
14. (una) parte	part ≠ the whole	(la) metà = half	il tutto
15. a senso unico	one way		
16. /(una) terra/(la) terra/(il) mondo	/land/earth /world	(una) proprietà = property	
17. Com'è carina!	How pretty she is!		
18. /(una) montagna /(un) lago	/mountain/lake	(un) fiume = river	
19. sembra	it looks like	sembra che = it seems that	
20. descrivere	to describe	dipingere = to depict	
21. questo dannato libro	this wretched book	questo maledetto libro	
22. Non vedo l'ora di . . .	I'm looking forward to . . .		

LEZIONE 28

BISOGNARE, DOVERE, ESSERE OBBLIGATO A =
TO HAVE TO, MUST

present		past
I must/have to work	→	I had to work

— **bisogna**
— **devo**   lavorare
— **sono obbligato a**

→

bisognava
dovevo/ho dovuto   lavorare
ero/sono stato obbligato a

I'm supposed to work   →   I was supposed to work

— **devo**   lavorare
— **sono tenuto a**

→

devevo/ho dovuto   lavorare
ero/sono stato tenuto a

---

note: — BISOGNA = you, one, we, etc. must.
— DOVERE is much used and you must get used to using it.
Special uses: — Deve essere malato = he must be sick. = sarà malato.
Deve essere stato malato = He must have been sick = sarà stato
malato; (see page 85 for the use of the future).

translate:

1) You must go today.
2) She was supposed to tell you the truth.
3) He must have left.
4) You must be tired.
5) Do we have to work so late?
6) You weren't supposed to ask him.
7) I didn't have to tell you the truth.
8) They must not have understood.

translate:

1) Il giornalista doveva scrivere un articolo sul nuovo candidato.
2) Perchè non è venuto? Deve essere a Roma.
3) Non l'ho visto da molto tempo, dev'essere di nuovo in prigione.
4) Non ero tenuto ad andare ieri.
5) Le strade sono bagnate. Deve essere piovuto.

SHOULD — SHOULD HAVE

Ora Domani **dovrebbe** lavorare.	Now, Tomorrow you <u>should</u> work.
Ieri, <u>avrebbe dovuto</u> lavorare.	Yesterday you should have worked.

You <u>should</u> see her.	**Dovrebbe vederla.**
You <u>should have seen</u> her.	**Avrebbe dovuto vederla.**
We <u>should</u> tell her.	**Dovremmo dirglielo.**
We <u>should have told</u> her.	**Avremmo dovuto dirglielo.**

translate:

1) You should have bought more vegetables.
2) He should call her.
3) You should never have said that.
4) Why should I write to him?
5) I don't think you should write now, but you should have written last week.
6) Why shouldn't the kids have eaten at five?
7) He shouldn't have lied.
8) You're right. We should have told you.

translate:

1) Avrebbe dovuto ascoltarti.
2) Avresti dovuto aspettare l'autobus.
3) Non dovresti aver paura del buio.
4) Avrei dovuto comprare quel quadro.
5) Non avrebbero dovuto dargli una bustarella.
6) Cosa mai avremmo dovuto fare?
7) Non penso che dovresti andare.
8) Siete tenuti a saperlo.

THE IMPERATIVE — FOR FRIENDS AND LOVERS!

VERBI IN '-ARE' **VERBI IN '-ERE'** **VERBI IN '-IRE'**

mangia! = eat!   **chiudi!** = close!   **apri!** = open!
mangiate! = eat!   **chiudete!** = close!   **aprite!** = open!
(plural)   (plural)   (plural)

non mangiare! =   **non chiudere!** =   **non aprire!** =
don't eat!   don't close!   don't open!
non mangiate! =   **non chiudete!** =   **non aprite!** =
don't eat!   don't close!   don't open!
(plural)   (plural)   (plural)

note: — the few irregular verbs which add -ISC in the present, follow
the example of FINIRE in the imperative: finisci! finite! = finish!
— non finire! non finite! = don't finish! (see page 55 for the list).
— as with the infinitive and the present participle you attach the
object, whether direct or indirect, e.g. chiudila! chiudetela! = close
it! (la porta).

Mangia quella minestra, Pietro!   = Eat that soup, Peter!
Non chiudere la porta, Maria!   Don't close the door, Mary!
Aprite le finestre, ragazze!   Open the windows, girls!

```
┌─────────────────────────────────────────────────────────────┐
│           IRREGULAR VERBS – VERBI IRREGOLARI                │
│                      IMPERATIVES                            │
│                                                             │
│   essere (to be)    → sii, siate      bere (to drink)  → bevi, bevete    │
│   avere (to have)   → abbi, abbiate   sapere (to know) → sappi, sappiate │
│   andare (to go)    → va', andate     volere (to want) → vogli, vogliate │
│   dare (to give)    → dà, date        dire (to say)    → dì, dite        │
│   porre (to put)    → poni, ponete    venire (to come) → vieni, venite   │
└─────────────────────────────────────────────────────────────┘
```

translate:

1) Chiudi la finestra, Giovanni!
2) Non aprire la porta, Maria!
3) Manda una cartolina a tua madre, Davide, mandala oggi!
4) Bambini, finite presto i compiti!
5) Antonio e Marco, non toccate i miei libri!
6) Pietro, prendi una penna e scrivi subito a tuo padre!

Insert the imperative (singular) affirmative and negative:
e.g. (accendere) la televisione → accendi la televisione! = put the TV on!
   — non accendere la televisione = don't put the TV on!

1) (Fumare) una sigaretta Nazionale.
2) (Guardare) dalla finestra la gente che passa.
3) (Lavorare) tutta la notte.
4) (Bere) un altro caffè.
5) (Scendere) al pianterreno.
6) (Comprare) una bottiglia di vino buono.

Insert the imperative (plural) affirmative and negative:
e.g. (venire) ad incontrarci alla stazione — venite ad incontrarci alla
   stazione! = come to meet us at the station! — non venite ad incontrarci
   alla stazione! = don't come to meet us at the station!

1) (Finire) questo lavoro per stasera.
2) (Andare) alla piscina.
3) (Fare) attenzione a quello che dice Marco.
4) (Dire) quello che pensate.
5) (Bere) una Coca Cola dopo aver nuotato.
6) (Pulire) la cucina dopo aver mangiato.

THE IMPERATIVE — FORMAL/BUSINESS USAGE

VERBI IN '-ARE'	**VERBI IN '-ERE'**	**VERBI IN '-IRE'**
mangi! = eat! **mangino!** = eat! (plural)	**chiuda!** = close! **chiudano!** = close! (plural)	**apra!** = open! **aprano!** = open! (plural)
non mangi! = don't eat! **non mangino!** = don't eat! (plural)	**non chiuda!** = don't close! **non chiudano!** = don't close! (plural)	**non apra!** = don't open! **non aprano!** = don't open! (plural)

note: — this is for formal use only (to waiters, in hotel, in business, etc . . .)
— this tense is in fact the 'present subjunctive'.
— personal pronouns precede this tense, e.g. chiuda la porta, per favore, signor Bianchi, la chiuda! = close the door, please Mr Bianchi, close it!
— the verbs with an irregular present to form this tense change the final vowel of the present into -a, e.g. porre (to put): present indicative = pongo, present subjunctive = ponga.

Mi porti un caffè, cameriere!	= Bring me a coffee waiter!
Scriva il Suo nome, Signora!	= Write your name, Madam!
Non aprano le finestre, Signore e Signori!	= Don't open the windows, ladies and gentlemen!

```
IRREGULAR VERBS — VERBI IRREGOLARI

THE 'FORMAL' IMPERATIVE

essere (to be)   → sia! siano!        stare (to stay)    → stia! stiano!
avere (to have) → abbia! abbiano!    sapere (to know)  → sappia! sappiano!
dare (to give)  → dia! diano!
```

translate:

1) Venga qui per favore, signora Smith!
2) Apra la porta, signorina Brown!
3) Non chiuda la finestra, signor Peters!
4) Ascolti attentamente ciò che dico, signor White!
5) Non ha ancora pagato il conto dell'albergo, signore? Lo paghi ora, per favore!
6) Vada ora a fare le spese, se vuole. I negozi sono ancora aperti.
7) Beva un altro bicchiere di vino!
8) Entrino in questa sala, signore e signori, e ammirino questo quadro del Tintoretto!
9) Mi dia quelle scarpe nere che sono in vetrina!
10) Eccole, signore, venga a provarle!
11) Signor Brown, dica al Suo inquilino di non fare tanto rumore di notte, per favore!
12) Cambi da gas a gasolio, costa meno!

translate:

1) Excuse me, Madam!
2) Listen to me, Sir!
3) Bring me a scotch, waiter!
4) Call me tonight, darling!
5) Take this book to your mother, young man!
6) You should drink some water, Sir!
7) You should sublet a part of your house, Mrs Smith!
8) Excuse me, Sir, can you tell me where's the post-office? —
   Take the first road on the right and then the second on the left. —
   Thank you very much.

VOCABOLARIO

	traduzione	sinonimo-associato	contrario-associato
1. affittare	to rent, to let	dare in affitto = to let, prendere in affitto = to rent subaffittare = to sublet	
2. (un) proprietario	owner ≠ tenant		(un) inquilino
3. /(un) metodo /(un) modo	/method/way	(un) sistema = system, (uno) stile = style	
4. ordinario	ordinary ≠ exceptional	qualunque = commonplace	eccezionale, straordinario
5. alla moda	fashionable ≠ old fashioned	moderno = modern, di vecchio stampo = of the old style	fuori moda, antiquato
6. (una) parola	word	(una) frase = sentence	
7. (il) gas	gas	petrolio = oil	
8. scarso	scarce ≠ abundant		abbondante
9. (un) rumore	noise ≠ silence	(un) chiasso, (uno) schiamazzo	(il) silenzio
10. – in autobus – in macchina	– by bus – by car	in aereo = by plane	
11. invano	in vain, useless	inutile, non serve a nulla = it's no avail	
12. non posso sopportarlo	I can't bear him	non posso vederlo	sono pazzo per = I'm wild about
13. causare	to cause	scatenare = to bring on	
14. E' il colmo!	That beats all! That's the limit!		
15. (un) credulone	sucker	(un) merlo, (un) tonto, (un) sempliciotto	
16. assurdo	absurd ≠ logical	ridicolo = ridiculous	logico, pratico = practical
17. degli affari	business	fare affari = to do business	
18. caro(a)	darling	tesoro	

151

LEZIONE 29

COSI' = SO

E' così malato che non può lavorare.

He's so sick that he can't work.

TANTO = SO MUCH

Ha tanto denaro!

He has so much money!

Parla tanto!

He speaks so much!

---

translate:

1) Il capufficio era così arrabbiato che è uscito urlando.
2) Parli tanto!
3) Mangia tanto che ingrassa molto.
4) E' così stanca che resterà a letto.
5) Abbiamo tanto riso!
6) Hanno avuto tanto lavoro ieri che hanno lasciato l'ufficio alle dieci di sera.

translate:

1) She's so stubborn she won't listen to you.
2) She's so frank that it hurts.
3) They're so rich!
4) He drank so much coffee he couldn't sleep.
5) We're so unhappy we should get divorced.
6) It's so cold outside that I'll stay at home.

<table>
<tr><td>STAVO + PRESENT
PARTICIPLE</td><td>= WAS + -ING, WAS IN THE
MIDST OF</td></tr>
<tr><td>Stavo scrivendoti quando mi
hai telefonato.</td><td>I <u>was</u> just <u>writing</u> to you when
you called.</td></tr>
</table>

translate:

1) I'm in the midst of eating and I was in the midst of eating when you called.
2) They were in the midst of having an Italian lesson when he arrived.
3) We were in the midst of reading when your brother turned the TV on.
4) We were just coming to see you when we met your mother-in-law.

<table>
<tr><td>NE = SOME</td><td></td></tr>
<tr><td>Ne ho.</td><td>= I have <u>some of it/them</u>, etc.</td></tr>
<tr><td>Ne vuole?</td><td>Do you want <u>some of it/them</u>, etc.</td></tr>
<tr><td>Gliene parlerò.</td><td>I'll speak to him/her <u>about it</u>.</td></tr>
</table>

note: — frequent use of NE with verbs followed by 'di':
    — aver bisogno di → <u>ne</u> ho bisogno = I need it/some.
    — parlare di → se <u>ne</u> parlerà = we'll speak about it.
    — pensare di → che <u>ne</u> pensa? = what do you think about it?

give the affirmative and negative answers using <u>ne</u>:

1) Ha denaro?
2) Parlavate bene di lui quando è entrato?
3) Avete molta fame?
4) Ha bisogno di parecchie segretarie il capufficio?
5) Parlano molto dei loro problemi i bambini?
6) Vendete molti libri come questo?
7) Regali qualche volta dei fiori alla tua ragazza?
8) Hanno due macchine i Cattaruzza?

CI = THERE

CI VA STASERA? = Are you going <u>there</u> tonight?

Sì, ci vado stasera. Yes, I'm going <u>there</u> tonight.
No, non ci vado stasera. No, I'm not going <u>there</u> tonight.

---

translate:

1) I lived there for a year.
2) Are we going there at once?
3) He went there with me.

C'ERA = THERE WAS

C'ERA UN UOMO NELLA = <u>Was there</u> a man in the room?
STANZA?

Sì, c'era. Yes, <u>there was</u>.
Sì, c'era un uomo nella stanza. Yes, <u>there was</u> a man in the room.

C'ERANO = THERE WERE

<u>C'ERANO</u> MOLTI FIORI NEL = <u>Were there</u> many flowers in the
GIARDINO? garden?

Sì, ce n'erano molti. Yes, <u>there were</u>.
Sì, c'erano molti fiori. Yes, <u>there were</u> many flowers.

CI SARA'/CI SARANNO. = THERE WILL BE

<u>CI SARANNO</u> MOLTI <u>Will there be</u> many presents?
REGALI?

Sì, ce ne saranno molti. Yes, <u>there will be</u> many.
Sì, ci saranno molti regali. Yes, <u>there will be</u> many presents.

---

translate:

1) Was there a lot of snow in winter?
2) Will there be a lot of work to do?
3) There were many children playing in the park.
4) Were there any problems with the last lesson?
5) There were only four people in the restaurant.
6) There were many passengers delighted with the trip.
7) There will be a crowd in the house.
8) There are always many tourists in Rome.

NON = NOT TO

Ti ho detto di <u>non</u> farlo.   I told you <u>not to</u> do it.

---

translate:

1) I told you not to work too much.
2) He warned me not to go.
3) You promised me not to leave me.
4) She wrote not to wait for her.
5) I asked him not to call.

LA RAGIONE PER CUI/PER   = THE REASON WHY
LA QUALE

E' la ragione <u>per cui</u> non verrò. = That's the reason <u>why</u> I won't
                                              come.

---

translate:

1) That's the reason why he wants to go abroad.
2) That's the reason why it fits me.
3) I'm disappointed and that's the reason why I'm leaving.
4) I don't know and that's the reason why I'm beating around the bush.
5) I'm not sure and that's the reason why I can't answer.
6) We're poor and that's the reason why we need money.
7) He's an ass and that's the reason why I'm getting divorced.

VOCABOLARIO

	traduzione	sinonimo-associato	contrario-associato
1. enorme	huge ≠ tiny	immenso	minuscolo
2. /(uno) straniero /(uno) sconosciuto	/foreigner /stranger	all'estero = abroad	
3. /sincero /sinceramente	/frank/frankly	onestamente = honestly	menare il can per l'aia = to beat around the bush
4. (un') abitudine	habit	abituarsi = to get used to	
5. guidare	to drive	cavalcare = to ride (a horse)	
6. immaginare	to imagine	fare come se = to pretend	
7. aumentare	to increase ≠ to decrease, go down	salire = to go up	diminuire
8. mi va bene	/it fits/it's suitable		largo = loose, stretto = tight
9. abituarsi a . . .	to get used to . . .	prendere l'abitudine di	
10. un'occasione	a chance	una possibilità	
11. gentile	friendly	amichevole ≠ ostile	sgarbato, freddo = cold
12. (un) passeggero	passenger ≠ driver		(un) conducente
13. (una) sosta	a break	una pausa = a pause	
14. il fatto è che . . .	the point is ≠ that's not the point		non è questo il nocciolo della questione
15. contento (di)	delighted	soddisfatto	deluso = disappointed
16. calmo	calm ≠ excited		agitato
17. in ogni caso	anyway, in any case	in ogni modo	
18. (una) folla	crowd		

LEZIONE 30

REFLEXIVE VERBS (VERBI RIFLESSIVI)

LAVARSI = TO GET WASHED (WASH ONESELF)

mi lavo = I'm getting washed
/I wash myself

non mi lavo = I'm not getting washed
/I'm not washing myself

ti lavi	**non ti lavi**
si lava	**non si lava**
ci laviamo	**non ci laviamo**
vi lavate	**non vi lavate**
si lavano	**non si lavano**

note: — reflexive verbs are extremely frequent in Italian.
— mistakes are not very important, but you should try to get used to the structure 'I wash myself'.

SI LAVA TUTTI I GIORNI? = Do you wash/get washed every day?

Sì, mi lavo tutti i giorni. — Yes, I wash/get washed every day.
No, non mi lavo tutti i giorni. — No, I don't wash/get washed every day.

MI LAVO. = I wash myself.
MI LAVO LE MANI. I wash my hands.

TI LAVI. You wash yourself.
TI LAVI LE MANI. You wash your hands.

---

note: no possessive pronouns for the parts of your body.

SOME REFLEXIVE VERBS

addormentarsi = to go to sleep
svegliarsi = to wake up
alzarsi = to get up
sedersi = to sit down
spogliarsi = to get undressed
vestirsi = to get dressed
cambiarsi = to change one's clothes
radersi = to shave
lavarsi = to get washed
spicciarsi = to hurry up
pettinarsi = to comb one's hair
sentirsi = to feel
vergognarsi (di) = to be ashamed
                        (of)
preoccuparsi = to worry about
sbagliarsi = to make mistakes
lamentarsi = to complain
avverarsi = to come true
fidanzarsi = to get engaged

sposarsi = to get married
rallegrarsi = to be glad about
divertirsi = to have a good time
meravigliarsi = to be astonished
arrabbiarsi = to get angry
calmarsi = to calm down
burlarsi (di) = to make fun of
abituarsi (a) = to get used to
rendersi conto di = to realize
interessarsi (a) = to be interested (in)
ricordarsi (di) = to remember
dimenticarsi (di) = to forget
domandarsi = to wander
perdersi = to lose one's way
decidersi = to make up's one's mind
infischiarsi = not to give a darn
servirsi = to help oneself
chiamarsi = to be named

note: — many of these verbs can be used reflexively or not:
       — Veste il bambino = she dresses the kid. BUT (**MA**):
       — Si veste = she's getting dressed.

SI = EACH OTHER

Ci si parla spesso.   = We often speak to each other.
Ci si ama = ci amiamo.   We love each other.
Ci si vede spesso = ci vediamo   We often see each other.
spesso.

translate, then answer in the negative:

1) Si sbaglia spesso?
2) Ti ricordi delle tue ultime vacanze?
3) Si chiama Smith?
4) Vi infischiate di ciò che dico?
5) Vi siete sposati in chiesa?
6) Si alzano presto tutti i giorni?
7) Si addormenta tardi di solito il bambino?
8) Non ti senti bene?
9) Tony e Maria si sono fidanzati ieri?
10) Vi siete decisi o no?
11) Si sono arrabbiati molto i suoi genitori?
12) Ti spogli davanti a tuo marito?

translate:

1) I'm washing and getting dressed for the party.
2) We're wondering why you told him not to come.
3) They're getting married tomorrow.
4) Tonight I want to have a good time.
5) I make mistakes all the time.
6) Do you realize what you're saying?
7) I don't remember him.
8) He's always complaining. — What's he complaining about?
9) I can't make up my mind.
10) I don't give a darn about anything.
11) Hurry up! (3 translations)
12) I shaved while she was changing.
13) If he made up his mind we wouldn't have to worry any longer.
14) If we got married now we'd get divorced soon.
15) You'll get used to this toothpaste.
16) All dreams don't come true.
17) Our neighbours aren't ashamed of stealing flowers from our garden.
18) Excuse yourself! (3 translations)
19) I lost my way when I was coming back from the station.
20) I wonder whether my translation's correct.

VOCABOLARIO

	traduzione	sinonimo-associato	contrario-associato
1. **evidentemente**	evidently ≠ doubtfully	senza alcun dubbio = without a doubt	non . . . sicuramente
2. **/(un) sapone /(un) asciugamani /(uno) spazzolino da denti**	/soap/towel /toothbrush	(il) dentifricio = toothpaste	
3. **/praticamente tutto/tanto**	/practically all /so very much	quasi tutto = nearly all, tutto ciò che = all that	affatto = not at all, così poco = so little
4. **/(una) coperta /(un) cuscino**	/blanket/pillow	(un) lenzuolo = sheet	
5. **/in qualunque momento/ dovunque /qualunque cosa**	/whenever/wherever /whatever	ogni volta che = every time, in qualunque posto = anywhere	
6. **(una) conversazione**	conversation	chiacchierare = to chat	
7. **avverarsi**	to come true		
8. **(delle) racco-mandazioni**	contacts	relazioni = connections, legami = ties	
9. **permanente**	permanent ≠		temporaneo
10. **/(un) albero/(un) fiore/(un) giardino/(un) cortile**	/tree/flower /garden/yard	(un) parco = park, (una) foresta = forest, (un') erba = grass	
11. **/(un) cielo/(una, delle/ stelle**	/sky/stars	la luna = the moon	
12. **(un) grattacielo**	skyscraper	(una) vista = sight	
13. **più lontano**	further		più vicino = nearer
14. **(un) pettegolezzo**	gossip	chiacchiere	
15. **fresco**	fresh		stantìo = stale
16. **(di) fuori**	outside ≠ indoors		dentro
17. **svenire**	to faint		
18. **/tale quale/d'allora**	/as is/ever since		
20. **prendere in giro**	to make fun of	burlarsi di	

LEZIONE 31

IO STESSO = MYSELF

io stesso(a)	myself
tu stesso(a)	yourself
egli stesso	himself
essa stessa	herself
se stesso(i)	oneself
Lei stesso(a)	yourself
noi stessi(e)	ourselves
voi stessi(e)	yourselves
essi stessi	themselves
esse stesse	

L'HO COMPRATO IO STESSO.
I bought it myself.

LO FARA' EGLI STESSO.
He will do it himself.

note: — I did it <u>myself</u> = l'ho fatto <u>io stesso</u> = l'ho fatto <u>da solo</u> = I did it
alone, she got dressed <u>herself</u> = si è vestita <u>da sola</u>, etc.

fill in the reflexive:

1) Avresti dovuto invitarlo . . .
2) Abbiamo preparato il pasto . . .
3) Avete organizzato . . . la riunione?
4) Lo ha licenziato . . .
5) Hanno costruito . . . la loro casa.
6) Penso di poter finire il lavoro . . .
7) Ce ne occuperemo . . .
8) Se avessi potuto farlo . . . lo avrei fatto.
9) Glielo dica . . . !

REFLEXIVE VERBS – VERBI REFLESSIVI

PAST = THE PRESENT OF ESSERE + PAST PARTICIPLE

Mi sono lavato(a) ieri
ti sei lavato(a) ieri
si è lavato(a) ieri

ci siamo lavati(e) ieri
vi siete lavati(e) ieri
si sono lavati(e) ieri

Non mi sono lavato(a) ieri
non ti sei lavato(a) ieri
non si è lavato(a) ieri

non ci siamo lavati(e) ieri
non vi siete lavati(e) ieri
non si sono lavati(e) ieri

note: – the reflexive verbs are conjugated with ESSERE in all compound tenses, e.g. mi ero già lavato quando è mancata l'acqua = I had already washed when the water was cut.

TI SEI SVEGLIATO TARDI?

Sì, mi sono svegliato tardi.
No, non mi sono svegliato tardi.

Did you wake up late?

Yes, I woke up late.
No, I didn't wake up late.

Put into the past:

1) Mi domando se verrà.
2) Non si rende conto di ciò che dice.
3) Mio nonno si abitua a non fumare più.
4) Ti burli troppo spesso di me.
5) Ti ricordi della nostra prima notte assieme?
6) Donatella si lava e si veste in un quarto d'ora.
7) Si spiccia per uscire con te.
8) Non ci lamentiamo di niente.
9) Mi diverto sempre quando esco con voi.
10) La vecchia signora si siede sempre dietro il conducente.
11) Gli operai si rendono conto che saranno licenziati.
12) Il commesso si ricorda di quel cliente.

translate:

1) We always woke up late on vacation and now we wake early for work.
2) I didn't make mistakes yesterday and I'm not making mistakes now.
3) We had a good time last night. We always have a good time.
4) I hurried up but you didn't realize that I wanted to see you sooner.
5) He never makes up his mind early enough. Have you made up your mind yet?
6) You made fun of me yesterday. I'm fed up with you.
7) She got married again. I wonder if she remembers all her husbands.
8) Practically all were interested in the conversation.
9) You should be ashamed to take her gossip seriously.
10) I can't get used to the new car.
11) I cut myself when I tried to shave quickly.
12) If I had hurried, I wouldn't have been late.

VOCABOLARIO

	traduzione	sinonimo-associato	contrario-associato
1. fabbricare	to manufacture	fare = to make	
2. (una) riunione	meeting		
3. (una) fabbrica	factory	operai = workers	
4. il mercato	the market		
5. organizzare	to organize	avviare = to set up	
6. al minuto	retail ≠ wholesale		all'ingrosso
7. (il) personale	staff		
8. assumere	to hire ≠ to fire		licenziare
9. /(un) ingegnere /(un) ponte	/engineer /bridge		
10. /intesi/è un grosso affare /affari importanti	/it's a deal/it's a big deal/big business	avviare un affare = to put a deal together	
11. costruire	to build		
12. (una) macchina	machine	(un) calcolatore = calculator, or computer; (un) computer also = computer	
13. (un') inserzione	an ad	fare pubblicità = to advertise	
14. (una) pubblicità commerciale	a commercial		
15. (un) cliente	customer ≠ salesman, client		commesso
16. /(un) reddito /(una,delle) tasse	/income/taxes		
17. (uno) stipendio	salary	(una) paga = pay	
18. /(un) rischio /arrischiato	/risk/risky	rischioso, correre il rischio = to take a chance	affare fatto, è nel sacco = it's a sure thing
19. esige che . . .	he requires that . . .		
20. se l'è cavata	he swung it	è riuscito a . . . = he managed to . . .	

LEZIONE 32

VERB REVIEW

PRESENTE — THE problem!

Lavoro tutti i giorni.   I work everyday.
Ora lavoro.   I'm working now.
Lavoro da un'ora.   I've been working for an hour.
Domani lavoro.   I'm going to work tomorrow.

---

note: the Italian PRESENT is so extensively used that its meaning can be
tricky to grasp.

FUTURO

Lavorerò /**tra due giorni.**   I'll work /in two days.
          la settimana prossima.   \next week.

Sarà malato.   He's probably ill.

PASSATO PROSSIMO

          /**ieri.**   I worked   /yesterday.
Ho lavorato—**la settimana scorsa.**   I (have) worked /last week.
          due giorni fa.   \two days ago.

IMPERFETTO — the other problem!

Lavoravo ⟨ **quando sei venuto.**   = I was working ⟨ when you came.
         ⟨ **mentre tu parlavi.**   ⟨ while you were talking.

note: — distinguish between:
   — I worked yesterday = ho lavorato ieri.
   — I was working when you called = lavoravo quando tu hai telefonato.

TRAPASSATO PROSSIMO

Mi ha detto che ti aveva visto. He told me he had seen you.

Ho pensato che eri già partito. I thought that you had already left.

SE = IF

Se ho i soldi, compro una macchina.
If I have the money, I'll buy a car.

Se avessi i soldi, comprerei una macchina.
If I had the money, I'd buy a car.

Se avessi avuto i soldi, avrei comprato una macchina.
If I had had the money, I would have bought a car.

insert the correct tense (the pronouns in square brackets are for guidance in choosing the correct verb form only):

1) [Noi] . . . (addormentarsi) tardi ieri.
2) [Tu] . . . (fare) i lavori di casa oggi? – No, li . . . (fare) domani.
3) [Lei] . . . (guardare) la televisione da due ore.
4) [Voi] . . . (andare) al cinema due settimane fa?
5) [Egli] . . . (leggere) mentre io . . . (dormire).
6) [Essi] . . . (litigare) da un'ora.
7) [Tu] . . . (essere) già in Inghilterra?
8) Da quando [voi] . . . (essere) qui?
9) [Egli] . . . (guidare) la Fiat quando . . . (succedere) l'incidente.
10) [Essi] . . . (essere sposati) da un anno.
11) [Essa] . . . (dormire) nonostante la pioggia.
12) Quando la polizia . . . (arrestare) il ladro, egli . . . (rubare) già molto denaro.
13) [Io] . . . (pensare) che tu . . . (finire) di mangiare.
14) Noi . . . (studiare) l'italiano da un anno.
15) Voi . . . (vedere) già questo film?
16) Io . . . (andare) dal dentista ieri.
17) Che cosa [tu] . . . (fare) quando io . . . (entrare)?
18) [Essa] . . . (essere) infelice dal giorno del suo matrimonio.
19) [Noi] . . . (cominciare) un'altra lezione domani.
20) [Io] non . . . (potere) farlo ieri e non . . . (potere) farlo domani.
21) Da stamattina io . . . (tentare) di telefonarti.
22) [Essa] . . . (cucinare) quando tu . . . (tornare) a casa?
23) [Egli] . . . (riparare) la macchina che non . . . (funzionare) più?
24) [Noi] . . . (lavarsi) stamattina. [Noi] . . . (lavarsi) ogni giorno.
25) [Egli] . . . (ricordarsi) di ciò che [egli] . . . (dire) quando tu lo . . . (incontrare) la settimana scorsa?
26) Tu mi . . . (dire) la stessa cosa da stamattina.
27) Io . . . (insegnare) all'Università di Roma prima di venire negli Stati Uniti.
28) [Essi] . . . (essere divorziati) da sei mesi. Da quando . . . (essere divorziati) voi?

translate, then give the second and the third form of IF:

1) If I can, I'll go with him.
2) If they love each other, why don't they get married?
3) If you make fun of me, I'll leave you.
4) If we don't have to do the work ourselves, we'll go for a walk.
5) If he doesn't work, he won't pass his exam.
6) If they're rich next year, they'll buy a new house.
7) If we can help, we'll call you.
8) If you want to sell your car, I'll buy it.
9) If he's an ass his wife won't love him any more.
10) If your sister takes the pill, she won't get pregnant.
11) If we take our coats to the dry cleaners, it will be expensive.
12) If the workers go on strike, the unions will be happy.
13) If there's another war, we'll all be killed.
14) If you continue the bullshit, I'll leave you.
15) If we don't take a walk, I'm going to scream.
16) If you want to take a trip, I'll come with you.
17) If her lover can't screw any more, she'll be disappointed.
18) If the commercial is bad, that will be nothing new.
19) If politicians don't take bribes, that will be amazing.
20) If we have to pay our taxes early, we'll be in a jam.
21) If soldiers refuse to go to war, the world will at last be happy.
22) If we don't take the highway, the trip will take longer.
23) If his policy is so stupid, we won't vote for him.
24) If I have to lose weight, I'll try to.
25) If I don't have to do the housework, I'll play with the children.
26) If you can't manage, I'll help you.
27) If they put up the prices, they'll lose a lot of money.
28) If the cops can catch the gangster, they'll put him in jail.

translate:

1) She's been cooking the meal since this morning.
2) He was saying such a lot of bullshit that she walked out.
3) He was whispering while I was talking aloud.
4) My arm has been hurting me all day.
5) I'm going to get washed and dressed to go out.
6) She lived in New York for ten years when she was young and now she's been living in Rome for two years.
7) Do you realize how stupid they are!
8) I couldn't remember his name.
9) The commercial was so bad yesterday that I turned off the TV.
10) They've been selling retail since Christmas.
11) We've been manufacturing computers for a long time.
12) I need to know if you can come.
13) I have to tell you something important.
14) You should have repaired the car yesterday. You never listen when I tell you you should repair it.
15) I didn't have to do it for today. I have to do it for tomorrow.
16) They were putting the deal together when the cops came in.
17) You mustn't wash this sweater.
18) I'm not used to eating Italian food.
19) You should have called and told me you were in a jam.
20) He didn't know what to do, so I told him that he should see the boss.
21) If you were one of his friends you should be used to his drinking so much.
22) What a sucker you are! You shouldn't have believed him.
23) I couldn't bear him, and I don't understand why she's wild about him.
24) Did you hear their stupid conversation?
25) He was going to retire when his wife got sick.
26) I don't have to help you as you didn't help me when I needed it.

translate:

1) They've been engaged since Christmas. Do you think they're going to get married soon?
2) I was laughing while you were making fun of me.
3) You should give her a gift for her birthday and you should have given her one last year.
4) I've been trying for two hours to get that damn guy on the phone.
5) I didn't expect it, but it doesn't surprise me.
6) I don't see anyone and I don't hear anything.
7) I only have a little dough. Can you lend me some?
8) Our company has been supplying the factory with computers for years and years.
9) He didn't understand anything. He never understands anything.
10) I was getting divorced when I met him.
11) He's been cheating on his wife since their marriage.
12) You have to catch up if you don't want to fall behind too much.
13) The crooks were celebrating their burglary when the cops came in.
14) You shouldn't have taken those drugs.
15) I can't help you. I'm too tired.
16) He's been hitting his wife since their baby was born.
17) For how long have you been pregnant?
18) My leg has been hurting me since the accident.
19) Would you mind if I smoked while you're eating?
20) I had to leave a big tip. You should have left one too.
21) I couldn't stay honest in politics. Could you?
22) The underworld is so strong that we're all afraid.
23) For how long have you been married?
24) Did you know he was making love with his secretary while you were on your trip?
25) You should have got used to his jokes a long time ago.
26) You don't have to take your own soap with you.
27) We're paying high taxes and we're going broke at the same time.
28) You should have told me earlier that you weren't going to come.

VOCABOLARIO

	traduzione	sinonimo-associato	contrario-associato
1. /(una) promessa /(un) segreto	/a promise /a secret	promettere = to promise	
2. /(un') informazione/(un) indizio	/a tip/a clue	fare allusione (a), lasciar capire = to hint	
3. riparare	to repair ≠ to break		rompere
4. (una) ricompensa	reward	(un) premio = prize	
5. /(una) strada /(un') autostrada	/road/highway, motorway		
6. Che intende dire?	What do you mean?		
7. fare all'amore	to make love	un amante = a lover, avere rapporti = to have sex, chiavare, scopare = to screw	
8. a voce bassa	in a whisper ≠ aloud		a voce alta
9. fornire	to supply		
10. rovinare	to damage	fare male (a) = to harm	
11. rovinarsi	to go broke	fallire, fare fallimento, fare bancarotta = to become bankrupt	
12. (la) pace	peace ≠ war	(un) esercito = army, (la) guerra (un) soldato = soldier	
13. cucinare	to cook	bollire = to boil, far cuocer arrosto = to roast	
14. (un) ambiente	atmosphere	un ambiente simpatico = a nice atmosphere	
15. /cucire/(un) ago	/to sew/needle	(un) filo = thread, (un) ferro = iron, stirare = to iron, lavare = to wash	
16. fare practica(di)	to practise	esercitarsi = to exercise	
17. (un) nastro	a tape	(un) registratore = a tape recorder	
18. (una) biblioteca	library		
19. (una, delle) fesserie	bullshit	sei fesso, sei cretino = you're an ass	
20. /(una) tintoria /(una) pulitura a secco	/laundry/dry cleaning	il bucato = the laundry	

VERBS AND PREPOSITIONS 1 The case of the missing preposition.

WATCH OUT! This can be tricky. In some cases, there is a preposition in English, but NOT IN ITALIAN.

1. I'm listening to you.	L'ascolto.
2. He's waiting for me.	Mi aspetta.
3. I'm looking for one like this.	Ne cerco uno così.
4. Look at this!	Guardi questo!
5. How much did you pay for it?	Quanto l'ha pagato?
6. Call me back later.	Mi richiami più tardi.
7. I asked him for one.	Gliene ho domandato uno.
8. Call me up tonight.	Mi telefoni stasera.
9. Hurry up!	Faccia presto/si spicci!
10. According to him . . .	Secondo lui . . .
11. Can I try it on?	Posso provarlo?
12. Turn on/turn off the T.V.	Accenda/spenga la televisione.
13. In spite of the weather . . .	malgrado il tempo . . .
14. He came back late.	E' tornato tardi.
15. Put on/take off your coat.	Metta/tolga il cappotto.
16. Is six okay for you?	Le va bene alle sei?
17. I give up.	Desisto./Abbandono./Mi arrendo.
18. What about a coffee?	E se prendessimo un caffè?
19. He's getting/waking up.	Si alza/si sveglia.
20. I'm sitting down ≠ standing up.	Mi siedo ≠ mi alzo.
21. Go on! Keep on!	Vada avanti!/Continui!
22. He's in ≠ He's out.	C'è/E' in casa ≠ Non c'è/E' fuori.
23. I'm mixed up.	Faccio confusione.
24. Bring it to me!	Me lo porti!
25. Show it to me!	Me lo mostri!
26. Give it to me!	Me lo dia!
27. I'll give it back.	Lo restituirò.
28. I'm going out now.	Esco adesso.
29. There were a lot of people.	C'era molta gente.
30. Do you know how to drive?	Sa guidare?

VERBS AND PREPOSITIONS 2

a) fill in the blanks in the second column as far as you can;
b) fold the page back to check your answer;
c) read the translation of the sentence for further clarification.

1. to come in	E' entrato . . . stanza.
2. a. to speak to/to talk to	— Vorrei parlare . . . signore Bianchi.
b. to speak about	— Si parlava . . . Lei.
3. to depend on	Questo dipende . . . Lei.
4. to agree with	Sono d'accordo . . . Lei.
5. to take care of	Mi occuperò . . . ciò (o: me ne occuperò).
6. to be fond of	Non vado pazzo . . . gli spaghetti.
7. to live in	Abita . . . Nuova York.
8. to be married to	E' sposata . . . un americano.
9. to go to	E' andato . . . Napoli.
	. . . ufficio.
	. . . Pamela.
	. . . il parrucchiere.
10. to belong to	. . . chi è questo cane? (ma: it belongs to me = è mio).
11. to be afraid of	Ho paura . . . lui.
12. to be mad at	Sono arrabbiato . . . lui.
13. to be sick of	Sono stufo . . . vederlo sempre triste.
14. to be worried about	Sono preoccupato . . . la sua salute.
15. to be ashamed of ≠	— Ha vergogna . . . la moglie.
to be proud of	— Va orgoglioso . . . la moglie.
16. to feel like	Ho voglia . . . caffè.
17. to look like/to take after	Assomiglia . . . suo padre.
	— Ha preso . . . suo padre.
18. a. to get used to	— Non mi abituerò mai . . . suo modo di parlare.
b. to be used to	— Si è abituato . . . suoi modi di fare?
19. to be interested in	Mi interesso . . . la pittura moderna.
20. to leave with	Può lasciare i bambini . . . me.

VERBS AND PREPOSITIONS 2

1. entrare nel, nella . . .	He came into the room.
2. a. parlare con	— I would like to speak to/with Mr Bianchi.
b. parlare di	— We were speaking about you.
3. dipendere da	It depends on you.
4. essere d'accordo con	I agree with you.
5. occuparsi di	I'll take care of it.
6. andar pazzo per	I'm not fond of spaghetti.
7. abitare a	She lives in New York.
8. essere sposato con	She's married to an American.
9. /andare a/in/da/dal,	He went — to Naples.
dalla . . .	— to the office.
	— to Pamela's.
	— to the hairdresser's.
10. essere di	Who does this dog belong to?
11. aver paura di	I'm afraid of him.
12. essere arrabbiato con	I'm mad at him.
13. essere stufo di	I'm sick of seeing him sad all the time.
14. essere preoccupato per	I'm worried about his health.
15. avere vergogna di ≠ andare orgoglioso di	— He's ashamed of ≠ proud of his wife.
16. avere voglia di	I feel like coffee.
17. assomigliare a /prendere da	— He looks like his father. — He takes after his father.
18. a. abituarsi a	— I'll never get used to his way of speaking.
b. essere abituato a	— Are you used to his manners?
19. interessarsi a (interessarsi di = to deal in)	I'm interested in modern painting.
20. lasciare a	You can leave the kids with me.

VERBS AND PREPOSITIONS 3

1. a. to think about/over	— Pensi . . . ciò che ha detto! (o: ci pensi!)
b. to think of, about s.o.	— Penso . . . te.
c. to think about (opinion)	— Che cosa pensa . . . ciò che ha detto?
d. to think about (in general)	— . . . che pensa?
2. to explain to	Ora . . . spiego.
3. to get in ≠ to get out	Entri . . . la macchina/Esca . . . la macchina.
4. to get on ≠ to get off	Salga . . . l'autobus/Scenda . . . l'autobus.
5. to stop	Ha smesso . . . fumare.
6. to laugh at	Non rida . . . me.
7. to have a share in the business	E' socio . . . l'azienda? Ha una partecipazione . . . l'azienda?
8. to need	Ho bisogno . . . molto amore (o: ne ho bisogno).
9. on behalf of	Telefono . . . parte . . . Tommaso.
10. near ≠ far from	Abita vicino . . . me ≠ lontano . . . me.
11. to write to	Ho scritto una lettera . . . mio padre (o: gli ho scritto).
12. to be about	. . . che cosa si tratta?
13. to be in the midst of	Mia sorella . . . mangiando.
14. to apologize	Mi scuso . . . averLa disturbata.
15. to look like	Ho avuto l'aria . . . un idiota.
16. to realize	Non mi sono reso conto . . . problema.
17. as for (me)	In quanto . . . me, non andrò.
18. to succeed in	Sono riuscito . . . farlo.
19. to be worth it	Vale la pena . . . andare?
20. to have just	E' . . . andato via.
21. to be good at	E' bravo . . . matematica.
22. to regret	Mi è spiaciuto . . . non averlo visto.
23. to doubt	Dubita . . . me?
24. to plan to	Mi propongo . . . andarci questa settimana.

VERBS AND PREPOSITIONS 3

1. a. pensare a	— Think over what he said.
b. pensare a	— I'm thinking about you.
c. pensare di	— What do you think about what he said?
d. pensare a	— What are you thinking about?
2. spiegare a	I'm going to explain it to you.
3. entrare in ≠ uscire da	Get in ≠ out of the car.
4. salire su ≠ scendere da	Get on ≠ off the bus.
5. smettere di	He stopped smoking.
6. ridere di/burlarsi di /prendersi gioco di	Don't laugh at me.
7. essere socio di /avere una partecipazione in	Have you a share in the business?
8. avere bisogno di	I need a lot of love.
9. da parte di	I'm calling you on behalf of Tom.
10. vicino a ≠ lontano da	He lives near me ≠ far from me.
11. scrivere a	I wrote to my father.
12. trattarsi di	What's about?
13. stare + present participle	My sister's in the midst of eating.
14. scusarsi di	I apologize for having disturbed you.
15. avere l'aria di	I looked like a fool.
16. rendersi conto di	I didn't realize the problem.
17. in quanto a	As for me, I won't go.
18. riuscire a	I succeeded in doing it.
19. valere la pena di	Is it worth going?
20. essere/avere appena	He just left.
21. essere bravo in	He's good at maths.
22. (di)spiacere di	I regret not having seen him.
23. dubitare di	Do you doubt me?
24. proporsi di	I plan to get there this week.

VERBS AND PREPOSITIONS 4

1. to manage to
2. to come back from
3. to ask to
   (note: to ask for something = domandare qualche cosa — without preposition)
4. you'd better
5. you're right
   ≠ you're wrong
6. I'd be happy to
7. to refuse to
8. to be glad to
9. to remember
   ≠ to forget
10. a. to come to
    b. to come from
11. to answer
12. a. to learn to
    b. to teach
13. /to start/begin
    ≠ to finish
14. to complain about
15. to tell about
16. to intend to

17. concerning, relating to
18. to go to
    (note: — for places: to go to = andare a
    — to go and + verb = andare a)

Sono riuscito . . . farlo.
Sta per tornare . . . Londra.
Mi ha domandato . . . farlo.

Farebbe meglio . . . andare via ora.
Ha — ragione . . . andare via subito.
   — torto . . .
Sarei felice . . . rivederLa.
Ha rifiutato . . . farlo.
Sono contento . . . andare.
Si ricorda . . . lui o si è dimenticato . . . lui?

— Quando viene . . . noi?
— Vengo . . . Palermo.
Perchè risponde . . . lui e non . . . me?
— Impariamo . . . parlare italiano.
— Ti insegnerò io . . . essere educato!
— Cominciamo . . . mangiare proprio ora.
— Ha finito . . . mangiare?
Non si lamenti . . . me!
Mi parlava . . . ciò.
Abbiamo intenzione . . . andare all'estero quest'estate.
Il capufficio desidera vederLa a proposito . . . quell'affare.
— Vado . . . mia zia.
— Vado . . . Venezia.

— Vado . . . comprare qualche cosa da mangiare.

VERBS AND PREPOSITIONS 4

1. riuscire a	I managed to do it.
2. tornare da	He's going to come back from London.
3. domandare di	He asked me to do it.
4. farebbe meglio a	You'd better go now.
5. ha ragione di	You're right to ≠ wrong to go at once.
≠ ha torto a	
6. sarei felice di	I'd be happy to see you again.
7. rifiutare di	He refused to do it.
8. essere contento di	I'm glad to go.
9. ricordarsi di	Do you remember him or did you forget him?
≠ dimenticarsi di	
10. venire da	— When will you come to see us?
	— I'm coming from Palermo.
11. rispondere a	Why do you answer him and not me?
12. a. imparare a	— We're learning to speak Italian.
b. insegnare a	— I'll teach you to be polite.
13. (in)cominciare a	We're just starting eating now.
≠ finire di	Have you finished eating?
14. lamentarsi di	Don't complain about me!
15. parlare di	He was telling me about that.
16. avere intenzione di	We intend to go abroad this summer.
17. a proposito di,	The boss wants to see you concerning that
riguardo a	affair.
18. a. andare da	— I'm going to my aunt's.
b. andare a (for places)	— I'm going to Venice.
c. andare a (verbs of movement followed by an infinitive)	— I'm going to buy something to eat.

IDIOMS 1

1. to go for a walk — Andiamo a . . .
2. all the same — Grazie . . .
3. /I don't care/It's all the same to me. — Per me . . .
4. /I'd like you to meet /. . . pleased to meet you. — — Paolo, vorrei/mi piacerebbe . . . Giacomo. / — . . . !
5. It doesn't matter. — Non . . .
6. /That's the limit! /That beats all! — E' il . . . !
7. /to be on the line /to hold on — Il signore Bianchi . . . al telefono! / . . . in linea!
8. to make a mistake — Ho fatto . . . / Mi sono . . .
9. /How are you?/Fine, thank you and you? — — Come . . . ? / — Bene, grazie, e . . . ?
10. Straight or on the rocks? — Liscio o con ghiaccio?
11. Do you have a light? — Ha da . . . ?
12. to have a drink — Vuol venire a . . . qualcosa stasera?
13. Too bad! ≠ All the better! — . . . !/Tanto . . . !
14. on the other hand — Non è intelligente ma . . . è molto bella.
15. to have a dream — Ho . . . un brutto sogno ieri sera.
16. /to be sick of/fed up — Sono . . . !
17. It isn't worth it. — Non ne vale . . .
18. /How goes it?/It's no good! — Come . . . ?/. . . !
19. I feel that — Mi . . . che sbagli.
20. I'm starving ≠ I'm full. — Muoio di . . . ≠ Sono . . .
21. some more . . . — . . . pane, per favore.
22. to change one's mind — Ho cambiato . . .

IDIOMS 1

1. /andare a passeggio
   /fare una passeggiata — Let's go for a walk!

2. lo stesso — Thank you all the same.

3. per me fa lo stesso — — I don't care. — It's all the same to me.

4. /mi piacerebbe presen-
   tarLe . . . /Piacere! — — Paolo, I'd like you to meet Giacomo.
   — Pleased to meet you!

5. Non importa. — It doesn't matter.

6. E' il colmo! — — That's the limit!
   — That beats all!

7. /essere al telefono
   /Rimanga in linea! — — Mr Bianchi's on the line!
   — Hold on!

8. /fare uno sbaglio
   /sbagliarsi — I made a mistake.

9. /Come sta?
   /Bene, grazie, e Lei? — — How are you?
   — Fine, thank you, and you?

10. Liscio o con ghiaccio? — Straight or on the rocks?

11. Ha da accendere? — Do you have a light?

12. bere qualcosa — Do you want to come and have a drink tonight?

13. Pazienza! ≠ Tanto meglio! — Too bad! ≠ All the better!

14. in compenso — She isn't bright, but on the other hand she's very beautiful.

15. fare un sogno — I had a bad dream last night.

16. essere stufo di . . . — I'm sick of it.

17. Non ne vale la pena. — It isn't worth it.

18. /Come va?/Male! — — How goes it?/— No good!

19. mi pare che . . . — I feel that you're wrong.

20. muoio di fame ≠ sono pieno — I'm starving ≠ I'm full.

21. ancora . . . — Some more bread, please!

22. cambiare idea — I changed my mind.

IDIOMS 2

1. to make a fortune	Ha fatto . . . in America.
2. to do someone a favour	Potrebbe farmi . . . ?
3. to stand in line	Bisogna fare . . . per andare al cinema.
4. /to earn a living	— Guadagna bene da . . . ?
/to make (good) money	— Guadagna molti . . . ?
5. to make an appointment	— Vorrei . . . appuntamento lunedì.
	— Mi ha . . . appuntamento alle cinque.
6. to get on someone's nerves	/Mi . . . /Mi . . . noia.
7. to be late ≠ early	Arriva spesso . . . ≠ . . .
8. What's it like out?	Che . . . fa?
9. to do for a living	Che . . . fa?/Che . . . fa?
10. to make an effort	Bisogna fare uno . . .
11. to go shopping	Andiamo a fare . . .
12. to feel under the weather ≠ to feel great	Non sono in . . . ≠ Sono in piena . . .
13. to do the dishes	Tocca a voi fare . . .
14. We'll take turns.	Faremo a . . . !
15. You gotta be kidding!	Tu . . . !/Stai . . . !
16. What a pain in the neck!	Che . . . !
17. to mean	Che cosa . . . ?
18. to tell the truth	A . . . , non mi piace.
19. that goes without saying	Non occorre . . . / . . .
20. that's all the more reason	Ragion . . . per lasciarla!
21. help yourself (to some more)	Si . . . !/Ne . . . !
22. It's not my cup of tea.	Non mi . . . niente.

IDIOMS 2

1. fare fortuna	He made a fortune in America.
2. fare un favore a qualcuno	Could you do me a favour?
3. fare la coda	You must stand in line to go to the movies.
4. /guadagnare bene da vivere/guadagnare molti soldi	— Does he earn a good living? — Does he make (good) money?
5. — prendere/fissare un appuntamento — dare appuntamento	— I'd like to make an appointment for Monday. — He made an appointment with me for five.
6. /infastidire/dare noia.	He gets on my nerves.
7. arrivare in ritardo ≠ arrivare in anticipo	He's often late ≠ early
8. Che tempo fa?	What's it like out?
9. fare un lavoro/fare un mestiere	What does he do for a living?
10. fare un sforzo	You must make an effort.
11. fare spese	Let's go shopping.
12. Non essere in forma ≠ essere in piena forma.	I feel under the weather ≠ I feel great.
13. fare i piatti	It's your turn to do the dishes.
14. fare a turno	We'll take turns!
15. Tu scherzi!/Stai scherzando!	You gotta be kidding!
16. Che seccatura!	What a pain in the neck!
17. intender dire	What do you mean?
18. a dire il vero	To tell the truth, I don't like it.
19. Non occorre dirlo/ Beninteso!	That goes without saying.
20. ragion di più	That's all the more reason to drop her.
21. /Si serva!/Ne prenda ancora!	Help yourself!/Help yourself to some more!
22. Non mi dice niente.	It's not my cup of tea.

IDIOMS 3

1. to make a fuss	Smetti di fare . . . !
2. to be successful	La commedia ha avuto . . .
3. to take a nap	Sono stanco e vado a fare . . .
4. on the face of it	A giudicare . . . direi che ha ragione.
5. to hurt	Le fa . . . ?
6. I don't give a damn.	Me ne . . ./Me ne . . .
7. time's up!	E' . . . !
8. to fall behind ≠ to catch up	Sono restato . . . ≠ Devo ricuperare il tempo perso.
9. what's up?	Che cosa . . . ?
10. to be in a good ≠ bad mood	E' di buon . . . ≠ di cattivo . . .
11. /I don't want to put you out/You're not putting me out.	— Non voglio . . . — Lei non mi . . .
12. I can't get over it.	Non riesco a . . .
13. I didn't realize.	Non mi sono reso . . .
14. to worry	Si . . . per suo figlio.
15. We were cut off (phone)	La comunicazione è stata . . .
16. /Have a good time! /We had a good time.	— Si . . . ! — Ci siamo . . . molto.
17. to be lucky	Sono molto . . .
18. /Do you mind if . . . ? /I don't mind.	— La . . . se fumo? — Non mi . . . affatto.
19. to look tired ≠ to look good, well	— Ha . . . stanca. — Ha un buon . . ./una bella . . .
20. to be in a hurry	Ho . . .
21. /Did you enjoy it? /I enjoyed it.	— Ti è . . . ? — Sì, mi è . . .
22. kiss me/give me a kiss!	. . . !/Dammi un . . . !
23. Fuck you!	Va a farti . . . !
24. Leave me alone!	Lasciami in . . . !

IDIOMS 3

1. fare storie	Stop making such a fuss!
2. avere successo	The play was successful.
3. fare un sonnellino	I'm tired and I'm going to take a nap.
4. a giudicare dall'apparenza/a prima vista	On the face of it, I'd say you're right.
5. fare male	Does it hurt?
6. Me ne infischio/Me ne frego.	I don't give a damn.
7. E' ora!	Time's up!
8. restare indietro ≠ ricuperare il tempo perso	I've fallen behind. I must catch up.
9. Che cosa succede?	What's up?
10. essere di buon umore ≠ essere di cattivo umore	He's in a good ≠ bad mood.
11. /Non voglio distrubarLa /Lei non mi disturba affatto.	— I don't want to put you out. — You're not putting me out.
12. Non riesco a capacitarmi.	I can't get over it.
13. rendersi conto	I didn't realize.
14. preoccuparsi	She worries about her son.
15. La comunicazione è stata interrotta.	We were cut off.
16. /Si diverta! /Ci siamo divertiti molto.	— Have a good time! — We had a good time!
17. essere fortunato	I'm very lucky.
18. /La disturbo se . . . ? /Non mi disturba affatto.	— Do you mind if I smoke? — I don't mind.
19. avere l'aria stanca ≠ avere un buon aspetto, una bella cera	— You look tired. — You look good/well.
20. avere fretta	I'm in a hurry.
21. /Ti è piaciuto? /Sì, mi è piaciuto.	— Did you enjoy it? — Yes, I enjoyed it.
22. Baciami!/Dammi un bacio!	Kiss me/Give me a Kiss!
23. Va a farti fottere!	Fuck you!
24. Lasciami in pace!	Leave me alone!

CONGRATULATIONS!!

You are no longer a beginner. You can now go on to *Il Gimmick — L'Italiano Corrente* (the first uncensored, realistic vocabulary learning book).

Key/Soluzione

Lezione 1, pagina 1
1) E' un tavolo grande? 2) Non è una porta nera. 3) A più tardi! 4) E' un cane piccolo? 5) Accidenti! 6) Non è un grosso libro nero, ma un grosso libro blu. 7) Che cos'è? — E' un orologio. 8) E' un telefono rosso? 9) Non è una sedia piccola. 10) E' una sveglia bianca?

Lezione 1, pagina 2
1) Sì, è un gatto piccolo. — No, non è un gatto piccolo. 2) Sì, è un cane bianco. — No, non è un cane bianco. 3) Sì, è un telefono blu. — No, non è un telefono blu. 4) Sì, è un muro bianco. — No, non è un muro bianco. 5) Sì, è un libro grosso. — No, non è un libro grosso. 6) Sì, è una penna. — No, non è una penna. 7) Sì, è un orologio blu marino. — No, non è un orologio blu marino. 8) Sì, è una matita nera. — No, non è una matita nera. 9) Sì, è una sedia. — No, non è una sedia. 10) Sì, è una libreria grande. — No, non è una libreria grande. 11) Sì, è un topo bianco. — No, non è un topo bianco. 12) Sì, è una porta. — No, non è una porta. 13) Sì, è una porta verde. — No, non è una porta verde. 14) Sì, è una sveglia rosa. — No, non è una sveglia rosa.

Lezione 2, pagina 4
1) Come sta? — Bene, grazie, e Lei? 2) Sono sigarette? 3) Sono cappotti neri? 4) Mi dispiace. Chiedo scusa. 5) Sono libri grossi? 6) E' ora! 7) Che cosa sono? — Sono matite. 8) Esatto! 9) Sono bambini poveri. 10) Può ripetere, per favore?

Lezione 2, pagina 6
— tipi deboli — ragazze piccole — bimbi forti — donne ricche — calzini neri — cappotti lunghi — tipi grossi — uomini vecchi — ragazzi giovani — lapis lunghi — accendini corti — vecchie sveglie — buoni vecchi libri — notti lunghe — buoni alberghi — vie larghe — carte spesse — stanze piccole — libri rossi — chiavi grandi — scatole blu — bimbi miti — fiammiferi sottili — cappotti leggeri — tipi poveri — ultime lezioni — primi bambini — tavoli pesanti — vecchi cani — dischi italiani.

Lezione 2, pagine 6
1) Sì, sono donne interessanti. — No, non sono donne interessanti. — E' una donna interessante? 2) Sì, sono uomini forti. — No, non sono uomini forti. — E' un uomo forte? 3) Sì, sono bambini poveri. — No, non sono bambini poveri. — E' un bambino povero? 4) Sì, sono tipi miti. — No, non sono tipi

186

miti. — E' un tipo mite?   5) Sì, sono sigarette buone. — No, non sono
sigarette buone. — E' una sigaretta buona?   6) Sì, sono scarpe nere. — No,
non sono scarpe nere. — E' una scarpa nera?   7) Sì, sono pantofole rosse. —
No, non sono pantofole rosse. — E' una pantofola rossa?   8) Sì, sono calzini
bianchi. — No, non sono calzini bianchi. — E' un calzino bianco?   9) Sì,
sono stanze grandi. — No, non sono stanze grandi. — E' una stanza grande?
10) Sì, sono ragazze giovani. — No, non sono ragazze giovani. — E' una
ragazza giovane?   11) Sì, sono fiammiferi lunghi. — No, non sono fiammiferi
lunghi. — E'un fiammifero lungo? — etc.

Lezione 2, pagina 8
1) No, la donna non è alta. — No, le donne non sono alte.   2) No, l'uomo
non è debole. — No, gli uomini non sono deboli.   3) No, il libro non è
grosso. — No, i libri non sono grossi.   4) No, la stanza non è piccola. — No,
le stanze non sono piccole.   5) No, la lezione non è interessante. — No, le
lezioni non sono interessanti.   6) No, il tavolo non è pesante. — No, i tavoli
non sono pesanti.   7) No, l'impermeabile non è blu. — No, gli impermeabili
non sono blu.   8) No, la scarpa non è piccola. — No, le scarpe non sono
piccole.   9) No, il bambino non è magro. — No, i bambini non sono magri.
10) No, la donna non è giovane. — No, le donne non sono giovani.   11) No,
il cappello non è nero. — No, i cappelli non sono neri.   12) No, il tipo non
è basso. — No, i tipi non sono bassi.   13) No, la scarpa non è sopra il tavolo.
— No, le scarpe non sono sopra il tavolo. — etc.

Lezione 2, pagina 9
1) Are they blue watches? — No, non sono orologi blu. — No, non è un
orologio blu.   2) Are they fat men? — No, non sono uomini grassi. — No,
non è un uomo grasso.   3) Are they tall women? — No, non sono donne
alte. — No, non è una donna alta.   4) Are they yellow boxes? — No, non
sono scatole gialle. — No, non è una scatola gialla.   5) Are they big shoes?
— No, non sono scarpe grandi. — No, non è una scarpa grande.   6) Are they
short streets? — No, non sono vie corte. — No, non è una via corta.   7) Are
they beautiful kids? — No, non sono bambini belli. — No, non è un bel
bambino.   8) Are they long raincoats? — No, non sono impermeabili lunghi.
— No, non è un impermeabile lungo.   9) Are they green hats? — No, non
sono cappelli verdi. — No, non è un cappello verde.   10) Are they big rooms?
— No, non sono stanze grandi. — No, non è una stanza grande.   11) Are they
black cats? — No, non sono gatti neri. — No, non è un gatto nero.   12) Are
they yellow socks? etc.   13) Are they strong guys?   14) Are they thick
books?   15) Are they big bookshops?   16) Are they short lessons?   17) Are
they rich guys?   18) Are they big dogs?   19) Are they brown shoes?
20) Are they bad cigarettes?   21) Are they heavy coats?   22) Are they red
letter boxes?   23) Are they big keys?   24) Are they black boots?   25) Are
they white mice?   26) Are they low walls?

Lezione 2, pagina 10

1) E' una donna giovane? — Sono donne giovani? 2) E' una stanza piccola? — Sono stanze piccole? 3) E' una scatola grande? — Sono scatole grandi? 4) E' un portacenere giallo? — Sono portaceneri gialli? 5) E' una donna interessante? — Sono donne interessanti? 6) E' un bambino mite? — Sono bambini miti? 7) E' un fiammifero lungo? — Sono fiammiferi lunghi? — 8) E' un accendino bello? — Sono accendini belli? 9) E' una via stretta? — Sono vie strette? 10) E' un cappotto leggero? — Sono cappotti leggeri? 11) E' una donna vecchia? — Sono donne vecchie? 12) E' un tipo cattivo? — Sono tipi cattivi? 13) E' un cane nero? — Sono cani neri? 14) E' una sveglia verde? — Sono sveglie verdi? 15) E' un uomo ricco? — Sono uomini ricchi? 16) E' un muro alto? — Sono muri alti? 17) E' un libro vecchio? — Sono libri vecchi? 18) E' la prima lezione? — Sono le prime lezioni? 19) E' un giorno lungo? — Sono giorni lunghi? 20) E' una notte nera? — Sono notti nere? 21) E' un gatto bianco? — Sono gatti bianchi? 22) E' un libro sottile? — Sono libri sottili? 23) E' un tavolo pesante? — Sono tavoli pesanti? 24) E' un marmocchio buono? — Sono marmocchi buoni? 25) E' un impermeabile verde? — Sono impermeabili verdi? 26) E' un ragazzo debole? — Sono ragazzi deboli?

Lezione 2, pagina 11

1) Vuole ripetere, per favore? 2) Il bambino è sotto il tavolo. 3) Non è così. 4) Il portacenere non è sopra la sedia. 5) Le vie non sono larghe. 6) Mi dispiace. 7) La donna è grossa e grassa. 8) I tipi sono poveri ma interessanti. 9) E' ora! 10) Accidenti! 11) La buca è rossa. 12) Buon giorno. Come sta? 13) I libri non sono spessi. 14) La prima lezione è interessante. 15) La ragazza è magra, anch'io. 16) L'uomo non è grasso, neanch'io. 17) L'accendino è vecchio, ma buono. 18) I bimbi sono forti. 19) E' esatto. E' così. 20) Il cappello è piccolo. 21) La prima stanza è piccola. 22) Le scarpe sono grandi. 23) Il muro è rosso e blu. 24) Il cappotto è nero ma il cappello è blu marino. 25) Un libro è sopra il tavolo. 26) E' interessante una ragazza ricca? 27) Un telefono rosso è sopra la sedia. 28) I calzini gialli sono sotto il tavolo.

Lezione 3, pagina 16

1) E' la Sua (tua, vostra) sciarpa? — No, è la sua. 2) Sono i suoi stivali? — No, sono i suoi. 3) Che cosa succede? 4) Di chi è la borsetta? 5) Non sono i miei maglioni, sono i suoi. 6) Grazie. — Prego. 7) I Suoi (tuoi, vostri) pantaloni sono troppo corti? 8) Capito? 9) Non sono le Sue (tue, vostre) cravatte, sono le mie. 10) Non importa. 11) Che c'è di nuovo? — Niente di speciale.

Lezione 3, pagina 16

1) i Suoi. 2) la mia. 3) le loro. 4) la sua. 5) il mio. 6) i tuoi. 7) i suoi. 8) la nostra. 9) il suo. 10) la nostra. 11) i loro. 12) i nostri. 13) la sua.

14) il suo.   15) il tuo.   16) la Sua.   17) i vostri.   18) la loro.   19) le nostre.
20) il vostro.

Lezione 3, pagina 17

– una cravatta nuova – delle donne gentili – il mio amico preferito – delle
gonne vecchie – i suoi vestiti nuovi – una camicia bianca – una lezione
noiosa – una donna infelice – delle scarpe nuove – dei guanti sporchi – una
borsetta cara – un compito difficile – dei lattanti asciutti – la prima lezione
– dei gatti neri – una ragazza matta – un uomo falso – una donna grossa –
un marmocchio sciocco – un bimbo felice – una camera schifosa – una
cravatta bianca.

Lezione 3, pagina 18

1) I nostri bambini sono infelici.   2) I tuoi calzini sono neri.   3) I suoi
dischi sono sensazionali.   4) I miei cappelli sono sopra i tavoli.   5) Queste
vie non sono larghe.   6) Le loro camere sono grandi.   7) Questi tavoli sono
pesanti.   8) Le sue camicie sono sporche.   9) Anche le mie cravatte sono
verdi e gialle.   10) Questi alberghi sono cari.   11) Sono i miei colori preferiti.
12) Sono ragazze sciocche.

Lezione 3, pagina 18

1) I suoi guanti non sono piccoli.   2) Il suo libro non è sopra il tavolo.
3) Il mio compito non è facile.   4) I Suoi (tuoi, vostri) stivali nuovi non sono
sporchi.   5) Il suo tipo non è pazzo.   6) I loro vestiti non sono vecchi.
7) I nostri maglioni non sono nuovi.   8) Questa lezione non è noiosa.   9) Il
suo vestito nuovo non è nero.   10) Le nostre camicie nuove non sono belle.
11) La sua gonna blu non è cara.   12) I miei calzoni non sono asciutti.
13) La nostra lavagna non è larga.   14) I loro bambini non sono gentili.
15) Il suo gilé non è sporco.   16) Le nostre pantofole non sono rosse.

Lezione 4, pagina 21

1) Gli occhi di Pietro sono verdi.   2) Come si scrive?   3) La bocca della
ragazza è larga.   4) I denti della donna sono bianchi.   5) Aspetti un
momento!   6) Il viso di Giovanna è bello.   7) Le gambe della ragazza sono
sottili.   8) Le mani dell'uomo sono dietro [di] me. 9) La macchina del
tipo è verde.   10) L'ombrello dello zio di Giovanna è nero.

Lezione 4, pagina 21

– dello studente – delle donne – della settimana – degli studenti – dei
bambini – della donna – dell'uomo – dell'anno – del ragazzo – della
ragazza – del bambino – delle ragazze – dei marmocchi – di Giovanna
– della mano – del piede – dei secoli – della stanza – delle vie – del cane
– degli uomini – del ragazzo – della giacca – dei bambini – del tipo –
del pomeriggio.

Lezione 4, pagina 22

— quale uomo? — quale libro? — quale naso? — quale secolo? — quali donne? — quale ragazzo? — quali occhi? — quale gatto? — quali finestre? — quali tipi? — quali anni? — quali mesi? — quale ombrello? — quale cane? — quale martedì? — quali mani? — quali studenti? — quali sedie? — quale orologio? — quali macchine? — quali stivali? — quale borsetta? — quali gonne? — quali cappotti? — quali vestiti? — quali orecchi? — quali gambe? — quali unghie? — quale settimana? — quali sigarette? — quale accendino? — quali giacche? — quali piedi? — quale lezione?

Lezione 4, pagina 24

1) Questa borsetta è sopra il tavolo. 2) Quella gonna è sotto la mia. 3) Questo vestito è piccolo per quel tipo. 4) Quel vestito è provocante. 5) Quest'orologio è il mio e quello è il vostro. 6) Questa camicia è la mia e quella è la vostra. 7) Quel libro è lontano da Giovanna, ma questo è vicino. 8) Quella macchina è nuova e cara. 9) Quella gatta è dietro la porta, ma questa è sotto il tavolo. 10) Quella donna è laggiù. 11) Questo tipo è ricco e quello è povero. 12) Questa prima lezione è noiosa e l'ultima lezione corta. 13) Quel viso è bello. 14) Questo stivale è nuovo e l'altro è vecchio.

Lezione 4, pagina 24

1) Quei tipi sono deboli. 2) Quei guanti sono nuovi, ma questi sono vecchi. 3) Quest'uomo è ricco, l'altro è povero ma buono. 4) Questa sedia non è in quella stanza. 5) Questa borsa è dietro il tavolo. 6) Questo libro è Suo (tuo), quello è mio. 7) Queste macchine sono dietro l'albergo, ma quelle sono laggiù. 8) Questa donna è pazza ma interessante. 9) E' noioso quel tipo? — Questo non [lo] è. 10) Sono ricche quelle donne? — Queste non [lo] sono. 11) Quella macchina è grossa, ma questa non [lo] è. 12) Quali lezioni sono interessanti? — Quelle. 13) Quale bimbo è il Suo (tuo)? Questo.

Lezione 5, p
Lezione 5, pagina 28

1) Quei tipi sono deboli. 2) Quei guanti sono nuovi, ma questi

Lezione 5, pagina 28

1) Ci sono trenta ore in un giorno? 2) Sono le tre e mezzo. 3) Sono pericolose queste strade? Quali [lo] sono? 4) Sono le dodici meno un quarto. 5) Ci sono tassì o autobus di sera? — No, non ce ne sono. 6) Per me fa lo stesso. 7) Quale soffitto è alto? — Questo. 8) Quale bottiglia è piena? — Quella. 9) La sua bicicletta è veloce. 10) Quella strada è pericolosa. 11) Ci sono bottiglie vuote sulla tavola? 12) Ci sono biciclette in questa strada? 13) Ci sono tre denti falsi. Quali sono? 14) Sono le quattro e un quarto. 15) Nemmeno per sogno! 16) Che ora è? — Sono le dieci. 17) Due tipi sono incapaci. — Quali? 18) La caramella è dolce o acida?

19) Come si chiama? Come ti chiami? — Mi chiamo Pietro. 20) Questa stanza è sporca ma quella è pulita. 21) Le lezioni di oggi sono facili o difficili? 22) E' bella o brutta la sua ragazza? — Quale ragazza? 23) Ci sono aerei sicuri d'inverno? 24) Che genere di bambini sono? 25) Ci sono dodici mesi in un anno? 26) Ci sono tre belle macchine in questa strada. Quali? 27) C'è una bottiglia piena sotto il tavolo. 28) C'è una lezione barbosa in questo libro. Quale?

Lezione 6, pagina 32
1) Io non sono sporco. E Lei? 2) Quell'uomo è medico. 3) Che cosa significa? 4) L'uomo d'affari è ricco e grasso. 5) Lei trova? 6) Lui non è francese, ma Lei sì. 7) Non siamo felici. 8) L'uno o l'altro.

Lezione 6, pagina 32
1) Non è uno sporco poliziotto. 2) Giovanni non è un padrone abbastanza gentile. 3) Non siete studenti molto interessanti. 4) Gli uomini d'affari non sono troppo ricchi. 5) Il problema non è troppo difficile. 6) Questo lavoro non è molto lungo. 7) Il mio lavoro non è noioso. 8) L'avvocato non è americano. 9) Non è molto violenta. 10) I professori di quest'anno non sono barbosi. 11) I giorni in dicembre non sono corti. 12) Grazie al cielo! 13) I battelli non sono veloci. 14) La bottiglia non è vuota. 15) La stanza non è sporca. 16) Non siamo interessanti. 17) Il film non è amaro. 18) Non è brutta. 19) Non è dietro la porta. 20) Non sono la segretaria del direttore.

Lezione 6, pagina 33
1) Il capufficio è simpatico, anch'io. — Il capufficio non è simpatico, neanch'io. 2) Lo studente è barboso, anche Lei (tu, voi). — Lo studente non è barboso, neanche Lei. 3) L'uomo d'affari è ricco, anche Lei. — L'uomo d'affari non è ricco, neanche Lei. 4) La segretaria è intelligente, anche il suo tipo. — La segretaria non è intelligente, neanche il suo tipo. 5) Io sono gentile, anche Lei. — Io non sono gentile, neanche Lei. 6) L'ufficio è lontano, anche la metropolitana. — L'ufficio non è lontano, neanche la metropolitana. 7) Il mio capufficio è grosso, anche la sua segretaria. — Il mio capufficio non è grosso, neanche la sua segretaria. 8) L'ospedale è vicino, anche la scuola. — L'ospedale non è vicino, neanche la scuola. 9) Sono donne d'affari, anche noi. — Non sono donne d'affari, neanche noi. 10) Siete studenti, anche noi. — Non siete studenti, neanche noi. 11) Siete schifosi, anche loro. — Non siete schifosi, neanche loro. 12) I Suoi (tuoi, vostri) problemi sono facili, anche i miei. — I Suoi problemi non sono facili, neanche i miei. 13) La sua bottiglia è vuota, anche la mia. — La sua bottiglia non è vuota, neanche la mia. 14) Il Suo (il tuo, il vostro) gatto è carino, anche il nostro. — Il Suo gatto non è carino, neanche il nostro. 15) Questa stanza è sporca, anche quella. — Questa stanza non è sporca,

neanche quella. 16) La sua bicicletta è veloce, anche la mia. — La sua
bicicletta non è veloce, neanche la mia. 17) L'inverno è freddo, anche
l'autunno. — L'inverno non è freddo, neanche l'autunno. 18) Il
professore è barboso, anche Lei (tu, voi). — Il professore non è barboso,
neanche Lei. 19) Il mio tipo è brutto, anche il tuo. — Il mio tipo non è
brutto, neanche il tuo. 20) Io sono forte, anche loro. — Io non sono forte,
neanche loro.

Lezione 6, pagina 34

1) Fa bel tempo oggi. 2) E' troppo tardi per andare. 3) E' noioso. 4) Fa
freddo. 5) E' troppo presto. 6) E' simpatico. 7) E' molto caro. 8) E'
interessante. 9) Fa caldo. 10) E' a buon mercato.

Lezione 7, pagina 37

1) Above all, we don't have the time today. — Soprattutto, non abbiamo
tempo oggi? 2) He hasn't been here for two months. — Non è più qui da
due mesi? 3) You never have a lot of money. — Non avete mai molto
denaro? 4) There's nobody in the room. — Non c'è nessuno nella stanza?
5) She has nothing interesting. — Non ha niente d'interessante? 6) They
aren't here yet. — Non sono ancora qui? 7) We don't have two cars yet.
— Non abbiamo ancora due macchine? 8) We never have problems. — Non
abbiamo mai problemi? 9) I don't have anything any more. — Non ho più
niente? 10) He (she) is (you are) never in the office. — Non è mai in ufficio?

Lezione 7, pagina 38

1) E' ancora a Roma ≠ Non è più a Roma. 2) Abbiamo ancora molto
tempo. ≠ Non abbiamo più molto tempo. 3) Il capufficio ha ancora una
segretaria. ≠ Il capufficio non ha più una segretaria. 4) Non ha ancora
niente. ≠ Non ha più niente. 5) Sono ancora giovani. ≠ Non sono più
giovani.

Lezione 7, pagina 38

1) Non ha più lavoro questo mese. — Ha ancora lavoro questo mese? 2) Non
c'è nessuno nella stanza. — C'è qualcuno nella stanza? 3) Ha solo due gonne.
— Ha solo due gonne? 4) Non è mai qui la domenica. — E' qui qualche volta
la domenica? 5) Non abbiamo niente d'interessante. — Abbiamo qualche
cosa d'interessante? 6) Non è ancora giugno. — E' già giugno? 7) E' ancora in
Italia. — E' ancora in Italia? 8) Non abbiamo più tempo. — Abbiamo ancora
tempo? 9) Abbiamo ancora molto lavoro. Abbiamo ancora molto lavoro?
10) Lei ha solo una macchina. — Lei, ha solo una macchina? 11) E' già
capufficio. — E' già capufficio? 12) Il suo film è più o meno schifoso. — E'
più o meno schifoso il suo film? 13) Di solito non sono qui presto. — Sono
qui presto, di solito? 14) Abbiamo la macchina da un anno. — Avete la
macchina da un anno? 15) Hanno solo due bambini. — Hanno solo due
bambini? 16) Non ha mai un lavoro. — Ha un lavoro qualche volta?

17) Abbiamo solo un professore. – Avete solo un professore? 18) I bambini non sono mai a casa nel pomeriggio. – Sono qualche volta a casa i bambini nel pomeriggio? 19) Ho solo due sigarette. – Ha solo due sigarette? 20) Non c'è nessuno. – C'è qualcuno?

Lezione 7, pagina 39
1) Il professore non ha sempre ragione. 2) L'uomo d'affari ha già successo. 3) Non ho fame ma sete. 4) In ogni modo ho paura. 5) Lei non ha ragione. 6) Non abbiamo mai denaro. 7) Ha quindici anni. 8) Ho spesso freddo in inverno e caldo in estate. 9) Di rado ha sonno. 10) La segretaria del capufficio non ha mai torto (non sbaglia mai). 11) Non ho mai fretta. 12) Hanno vergogna della loro casa.

Lezione 8, pagina 44
1) Non parliamo spesso italiano. 2) Va di solito al cinema la domenica? 3) Lavorano spesso assieme al capufficio? 4) A chi tocca? 5) Mangiamo. 6) Non ascolta più Giovanni. 7) Lei parla (tu parli) da un'ora. 8) Finalmente comincio questo lavoro.

Lezione 8, pagina 44
1) Non mi piace molto la tua gonna. 2) Non lavoriamo spesso molto il lunedì. 3) Non compri un vestito nuovo. 4) Non lavori presto la mattina. 5) Non ascoltate più o meno il professore. 6) Gli studenti non fanno domande stupide. 7) Quel bambino non gioca senza parlare. – ecc (etc).

Lezione 8, pagina 45
1) Lavoriamo sempre presto la mattina. 2) Il mascalzone non parla a nessuno. 3) Non ascolta mai Giovanni. 4) Lei mangia (tu mangi) troppo. 5) Lei mangia (tu mangi) da un'ora. 6) Parla solo inglese. 7) Desideriamo andare con Maria. 8) Lei fuma (tu fumi) da un'ora. 9) Lavorano con il capufficio. 10) Studia ancora italiano. 11) Studia italiano da tre anni. 12) Adoro il mio ragazzo (il mio tipo). 13) Non andiamo mai al cinema di sera. 14) Vanno al cinema solo una volta al mese. 15) Vado spesso a passeggio di sera. 16) Mando oggi il denaro. 17) Non fuma affatto. 18) Mangia ancora. 19) Sperano di andare con Giovanni. 20) Pensiamo a Lei (a te). 21) Amo Maria. 22) Compra solo maglioni verdi.

Lezione 8, pagina 46
1) Che cosa fuma? (fumi?). 2) Chi lavora? 3) Che cosa compra? 4) Che cosa spera (speri) di fare? 5) Chi parla a Sua (tua) sorella? 6) Chi ama? (ami?). 7) Che cosa aspetta? (aspetti?).

Lezione 8, pagina 46
1) agli 2) a 3) ai 4) alla 5) alle.

Lezione 9, pagina 48

1) Scrive (scrivi) una lettera?   2) Legge un libro.   3) Che cosa vede (vedi) al cinema?   4) Prende (prendi) pane e burro?   5) Ride (ridi) o no?
6) Risponde al telefono.

Lezione 9, pagina 50

1) Vale solo poco.   2) Vedo solo un uomo che mangia.   3) Non facciamo mai [un] lavoro interessante.   4) Non vivono più a Nuova York.   5) Non compra niente.   6) Mangiamo da un'ora.   7) Oggi prendiamo una bistecca.
8) Legge il libro da una settimana.   9) Non beve più.   10) Prendiamo lezioni d'italiano quest'anno.   11) Vende solo macchine.   12) Vende macchine da cinque anni.   13) Una tazza di caffè, per favore!   14) Gli uomini che lavorano troppo sono infelici.   15) La macchina che compra (compri) è troppo cara.

Lezione 9, pagina 51

1) You can't see anything.   2) They don't sell sandwiches here any more.
3) They don't eat potatoes in Italy.   4) I don't want to answer this question any more.   5) The waiter doesn't want to work any more.   6) I only want a coffee.   7) I never get anything.   8) I can't see anybody.

Lezione 9, pagina 52

1) You must rest a little!   2) We have to leave now.   3) You must eat something!   4) You must write to the director.   5) They must take the 7.15 train.   6) It's necessary to drink water every day.   7) It's necessary to call Mr Bianchi in an hour.   8) Dobbiamo vedere quel film.   9) Devono mangiare al ristorante malgrado il prezzo.   10) Devo fare una domanda.
11) Deve (devi, dovete) andare ora?   12) Non deve (non devi, non dovete) parlare a Maria.   13) Si mangia bene in questo ristorante?   14) Posso avere la lista del giorno, per favore?   15) Invece di un pasto, mangio un panino.
16) Non prendono mai la metropolitana il sabato.

Lezione 10, pagina 56

1) Sente (senti, sentite) qualcuno?   2) Perchè non dice (dici, dite) niente?
3) Dormo di quando in quando nel pomeriggio.   4) I bambini non dormono ancora.   5) Non capisce mai la prima volta.   6) Non viene mai.   7) Sceglie dalla lista del giorno.   8) Io preferisco [il] vino, e Lei? (e tu? e voi?)   9) Non capiscono niente.   10) Prima di uscire dobbiamo pagare il conto.
11) Veniamo dalla stazione.   12) Dobbiamo partire?   13) Si costruiscono case nuove vicino a Roma.   14) Lavoro molto per finire presto.

Lezione 11, pagina 60

1) Li vedo.   2) Lo vuole.   3) L'ascoltiamo (ti ascoltiamo, vi ascoltiamo).
4) Lo (la) mangiamo.   5) Le lezioni sono troppo difficili e non le capiamo.
6) Io prendo la metropolitana. E Lei? (e tu? e voi?).   7) Batte Sua moglie

(batti tua moglie) di quando in quando? — No, non la batto mai. 8) Il professore è barboso e spesso non lo ascoltiamo.

Lezione 11, pagina 61
1) Non la capisco. 2) Lo mettono nel loro appartamento. 3) Non possiamo comprarla. 4) Lo mangio tutti i giorni. 5) La fanno entrare nel mio ufficio. 6) Lo prende a prestito di quando in quando. 7) La compra la settimana prossima. 8) Lo prendiamo alle otto di sera. 9) L'aprono ogni dieci minuti. 10) Lo fanno bene. 11) Non la riconosco. 12) Li mettete sulla tavola. 13) La sa. 14) Lo beviamo buono. 15) Lo posso vedere per un'ora. 16) Li impariamo. 17) La cominciamo con un controllo. 18) Non li vediamo spesso. 19) Maria ci aspetta spesso dopo la lezione. 20) Vi vedo spesso al cinema.

Lezione 11, pagina 62
1) Non mi piace questo dolce duro e non lo voglio. 2) Posso vederli con il direttore. 3) Non La (ti, vi) sentiamo. 4) Non lo mando. 5) Deve fare li suo letto. 6) Deve (devi, dovete) andare di sopra per trovarlo. 7) Questo diamante è caro ma mi piace veramente. 8) E' come il mio. 9) Questa lezione è difficile e non la capisco. 10) Può (puoi, potete) vederli spesso. 11) Non mi piace questa donna. 12) Li riconosce (riconosci, riconoscete)? 13) Lo vuole (vuoi, volete) per lunedì? 14) Le stanze di sopra sono piccole. 15) So molte cose interessanti. 16) Facciamo [literally mangiamo] solo due pasti al giorno. 17) La lezione comincia. La trova (trovi, trovate) difficile? 18) La parola è difficile. Non so scriverla. 19) Il lavoro è piuttosto lungo. Non voglio farlo. 20) Faccio un gioco meraviglioso. Lo conosce (conosci, conoscete)? 21) E' una splendida ragazza. La conosce (conosci, conoscete)? 22) Ho bisogno di sugarette e devo comprarle. 23) Il libro è difficile ma devo finirlo. 24) Ci chiamano. 25) Vede (vedi, vedete) quelle donne? — Sì, le vedo. 26) Ami i tuoi genitori. Giovannino? — Sì, li amo. 27) Lo vuole veramente? Può prenderlo. 28) Se vuole (vuoi, volete) prendere a prestito il mio impermeabile giallo, può (puoi, potete) prenderlo.

Lezione 12, pagina 67
1) Parlo spesso a lei ma non a lui. 2) Questi libri non appartengono al capufficio, appartengono a me. 3) Mia suocera non ci scrive spesso. 4) Amo i miei genitori e penso spesso a loro. 5) Mi dà il suo ultimo libro. 6) Ci raccontano sempre i loro problemi. 7) Non gli parlo mai. 8) Le (ti, vi) mandiamo i libri oggi.

Lezione 12, pagina 69
1) I write to him from time to time. 2) I tell you to do it! 3) You give her the time to work. 4) They're explaining the problem to us. 5) We're thinking of you a lot. 6) I find it easy. 7) Your sister gives him everything.

8) My uncle tells you silly things. 9) Her father teaches her Italian. 10) I'm going to show it to him (her).

Lezione 12, pagina 70
1) Posso vederlo solo una volta alla settimana. 2) Dovete dir loro tutto.
3) Tuo padre vuole offrirti un lavoro. 4) Devo lasciarla sola questa sera.
5) Che cosa La porto, signore? 6) Potete scrivermi subito? 7) Tu la conosci forse. 8) La suocera di lei è ancora una bella donna. 9) I genitori di lui abitano a Roma. 10) Il marito della mia segretaria non le dà mai denaro. 11) I nonni della mia fidanzata non la vedono da due anni. 12) I suoi nonni abitano in Italia e non li vede da due anni. 13) Può imprestarmi del denaro? — Mi dispiace, non posso imprestarglielo. 14) Mia moglie vuole una donna ad ore per fare i lavori di casa, ma non la trova.

Lezione 12, pagina 70
1) Conosco sua madre. Lei la conosce (tu la conosci, voi la conoscete)?
2) Fortunatamente la domestica fa i lavori di casa. 3) La macchina mi appartiene. 4) Racconta loro tutti i suoi problemi. 5) Le dà un bel maglione. Tu che cosa le dai? (Lei che cosa le dà, voi che cosa le date?).
6) Lavoro da molto tempo. Lei lavora (tu lavori, voi lavorate) ancora?
7) Pensa spesso a sua moglie. 8) Le parla (parli) spesso? — No, le parlo appena. 9) A chi appartiene quella casa? 10) Lo vedo ogni giorno.
11) Li vede (vedi) spesso? — No, li vedo di rado. 12) Posso prendere a prestito la Sua (tua, vostra) matita? — Sì, può (puoi, potete) prenderla a prestito.

Lezione 13, pagina 73
1) Is the shoe on the table? 2) Is the ashtray on the chair? 3) Is your pen on the bed? 4) Is the pencil on the book? 5) Is the cheese on the plate?
6) Are your in-laws in the garden? 7) Do you want a cigarette? — No, thanks, I have (some). 8) The secretary is in the director's office. 9) There is a red car in the street. 10) Is there some butter on the bread? 11) C'è un tappeto nella stanza? 12) Ci sono biciclette nella metropolitana? 13) C'è una lezione barbosa nel libro. Quale? 14) Ci sono professori barbosi nella stanza? 15) Lei può (tu puoi, voi potete) vederli nella via. 16) Ci sono topi nella cucina? 17) C'è vino nelle bottiglie? 18) C'è acqua nei bicchieri?
19) C'è del caffè nelle tazze? 20) Non ho giornali. Lei ne ha (tu ne hai, voi ne avete)?

Lezione 13, pagina 76
1) Vuole del caffè? — No, non ne voglio. 2) Ha bisogno di denaro? — No, non ne ha bisogno. 3) Vuole (vuoi, volete) bere del vino? — No, non voglio (vogliamo) berne. 4) Mangia (mangi, mangiate) qualche volta patate? — No, non ne mangio (non ne mangiamo) mai. 5) Beve (bevi, bevete) molto latte?

— No, ne bevo (beviamo) poco.   6) Hanno bisogno di un'altra lezione gli studenti? — No, non ne hanno bisogno.   7) Ha bisogno di una nuova macchina? — No, non ne ha bisogno.   8) Vende (vendi, vendete) macchine? — No, non ne vendo (non ne vendiamo).   9) Compra spesso dolci Sua (tua, vostra) madre? — No, ne compra di rado.   10) Prendono lezioni di inglese? — No, non ne prendono.   11) Hanno molti maglioni? — No, ne hanno pochi. 12) Conosce qualche ragazza? — No, non ne conosce.   13) Abbiamo bisogno di tutte queste riviste? — No, non ne abbiamo bisogno.   14) Hanno del lavoro da fare oggi? — No, non ne hanno.   15) Ho paura dei loro cani? — No, non ne ho.   16) Ha (hai, avete) bisogno di un dottore? — No, non ne ho (abbiamo) bisogno.   17) Mangia (mangi, mangiate) prosciutto? — No, non ne mangio (mangiamo).   18) Vuole (vuoi, volete) del tè? — No, non ne voglio (non ne vogliamo).

Lezione 13, pagina 76
1) Do you have a lot of relatives? — No, ho pochi parenti.   2) Do they have many cigarettes? — No, hanno poche sigarette.   3) Has that child (little boy) many beautiful toys? — No, quel bambino ha pochi bei giocattoli.   4) Is that man very intelligent? — No, quell'uomo è poco intelligente.   5) Have you been learning Italian for many months? — No, studio italiano da pochi mesi. 6) Do you read many interesting books? — No, leggiamo pochi libri interessanti.   7) Are there many employees in your office? — No, ci sono pochi impiegati nel mio ufficio.   8) Are there many people in the restaurant? — No, c'è poca gente nel ristorante.   9) Are there many charming women? — No, ci sono poche donne affascinanti.   10) Are there many mice in the house? — No, ci sono pochi topi nella casa.   11) Do you want a lot of carrots? — No, voglio (vogliamo) poche carote.   12) Do they take a lot of vegetables? — No, prendono poca verdura.

Lezione 14, pagina 78
1) Lei gioca d'azzardo, a volte? — No, non gioco mai d'azzardo.   2) Gli capita di leggere il giornale? — No, non legge mai il giornale.   3) Prende in giro sua moglie, a volte? — No, non prende mai in giro sua moglie. 4) Vanno a teatro, a volte? — No, non vanno mai a teatro.   5) Lei viaggia, a volte? — No, non viaggio mai.   6) Abbiamo torto, a volte? — No, non abbiamo mai torto.   7) Le capita di lavorare a orario ridotto? — No, non le capita mai di lavorare a orario ridotto.   8) Le (ti, vi) capita di essere fortunato? — No, non mi (ci) capita mai di essere fortunato (i).

Lezione 14, pagina 78
1) So che ha (hai, avete) bisogno di denaro.   2) Dicono che Lei è fortunato. 3) Non deve dirmi che ho torto.   4) So che quel tipo è un mascalzone. 5) E' vero che abbiamo bisogno di aiuto?   6) Convengo che deve farlo.

Lezione 14, pagina 79

1) Sono qui da gennaio. — Da quando sono qui?   2) Sono nella loro casa nuova dall'estate scorsa. — Da quando sono nella loro casa nuova? etc.
3) Gli studenti sono in vacanza da un mese.   4) Non li vedo da molto tempo.
5) I miei genitori sono sulla spiaggia da stamattina. (= questa mattina).
6) Fanno sempre viaggi durante l'estate.   7) Lavoro qui dall'inverno scorso.
8) Non trova un lavoro a orario ridotto e deve lavorare a orario completo.
9) Lo conosco da dieci anni.   10) Vivono a Roma da tre anni. Vivono di solito in Europa.   11) So che è sposato da due anni.   12) E' fortunata ora, ed è fortunata dall'anno scorso.

Lezione 14, pagina 81

1) Stiamo mangiando da un'ora.   2) Stanno sciando da stamattina.
3) Stiamo aspettando ora il professore.   4) I bimbi stanno giocando da due ore.   5) Sta giocando d'azzardo ora. Gioca sempre d'azzardo il sabato.
6) Sta parlando ora. Parla sempre molto. Sta parlando da due ore.   7) Sta (stai, state) leggendo lo stesso libro da ieri.   8) La domestica sta facendo i lavori di casa ora. Li fa sempre di pomeriggio.   9) Sto scrivendo una lettera ai miei suoceri. Scrivo sempre loro la domenica.   10) Sta mangiando ora. Mangia sempre a quest'ora.   11) Stai parlando da un'ora. Tu parli sempre troppo.   12) Sto aspettandoti da cinque ore. Devo sempre aspettartio.
13) Are your parents taking a trip now?   14) We're calling him.   15) I'm waiting for you.   16) They're listening to us.   17) It's raining, it's snowing at the same time.   18) What are they doing? They're walking.   19) I'm closing the window.   20) I'm giving them to him/her.   21) He/she's explaining the problem to us.   22) You're doing it now.

Lezione 15, pagina 86

1) Risponderò domani alla Sua (tua, vostra) lettera.   2) Faremo un viaggio la settimana prossima.   3) Potrò farlo tra una settimana.   4) Verrà domani.
5) Scriverà qualche volta, spero.   6) Compreranno una macchina invece di una bicicletta.   7) Faremo i lavori di casa domenica prossima.   8) Sarò in orario.   9) Forse Lei pensa (tu pensi, voi pensate) che ho torto.   10) Berrò quattro bicchieri di vino stasera.   11) Finalmente vivrò a Roma!
12) Avranno molti contanti con loro.   13) Lascerà una mancia per il cameriere.   14) Potrà (potrai, potrete) venire tra due settimane?   15) Dovrò andare domani.   16) Prenderà (prenderai, prenderete) un raffreddore a causa del tempo.   17) Sarò pronto alle dieci.   18) Avrà bisogno di una pillola per il mal di testa.

Lezione 15, pagina 86

1) I'll be at home this afternoon.   2) Will you need money?   3) I'm sure she'll be lucky.   4) I'll bring him (it) with me tonight.   5) Will we see you next week?   6) Do you know whether they'll help us?   7) We'll stop

working in an hour. 8) We'll soon be hungry. 9) He says he won't buy
another white car. 10) He will tell it to you tomorrow. 11) They don't
know whether or not they'll be able to do it. 12) How old is your boss?
— About fifty. 13) How far do you think it is from Rome to Genoa? —
About five hundred kilometres.

Lezione 16, pagina 89

1) If you're tired, will you go to bed? — Sì, se sono stanco, vado a letto.
2) If you've got a sore throat, will you take some tablets? — Sì, se ho mal di
gola, prendo delle pillole. 3) If I'm hungry, will you give me something to
eat? — Sì, se hai (ha) fame, ti (Le) do qualche cosa da mangiare. 4) If the
book's boring, will you read it all the same? — Sì, (anche) se il libro è noioso,
lo leggo lo stesso. 5) If you've enough money, will you buy a new house?
— Sì, se abbiamo abbastanza denaro, compriamo una nuova casa. 6) If you
don't understand the teacher, will you tell him? — Sì, se non capiamo il
professore, glielo diciamo. 7) If it's nice out, shall we still go the movies? —
Sì, (anche) se fa bel tempo, andiamo al cinema lo stesso. 8) If it's possible
for you to go there tomorrow, will you go? — Sì, se possiamo andarci
domani, ci andiamo. 9) If there's a good film, will you tell me? — Sì, se c'è
un bel film, glielo (te lo) dico. 10) If the meat's undercooked, will you eat
it? — Sì, (anche) se la carne non è cotta, la mangio.

Lezione 16, pagina 89

1) Se beve troppo, suo marito è contento? — No, se beve troppo, suo marito
non è contento. 2) Se ha (hai, avete) bisogno di aiuto, mi chiama (chiami,
chiamate)? — No, se ho (abbiamo) bisogno di aiuto, non La (ti, vi) chiamo
(chiamiamo). 3) Se stai male (se starai male), vai (va, andate) dal dottore?
(andrai, andrà, andrete dal dottore?) — No, se sto (starò) male, non vado (non
andiamo) dal dottore (non andrò, non andremo) dal dottore. 4) Se dovrò
fare un viaggio la settimana prossima, verrai (verrà) con me? — No, se dovrai
(dovrà) fare un viaggio la settimana prossima, non verrò con te (Lei). 5) Se
Le (ti, vi) faccio una domanda, mi risponde (rispondi, rispondete)? — No, se
mi fa (mi fai, mi fate) una domanda, non Le (ti, vi) rispondo (rispondiamo).
6) Se ho bisogno di denaro, me ne presti (presta, prestate)? — No, se ha (hai,
avete) bisogno di denaro, non gliene (te ne, ve ne) presto (prestiamo). 7) Se
ti (Le, vi) piace il suo dolce, glielo dici (dice, dite)? — No, se mi (ci) piace il
suo dolce, non glielo dico (diciamo). 8) Se non capiscono, il professore li
aiuta? — No, se non capiscono, il professore non li aiuta. 9) Se non Le (ti,
vi) telefona stasera, le telefona Lei (le telefoni tu, le telefonate voi)? — No,
se non mi (ci) telefona stasera, io non le telefono (noi non le telefoniamo)
10) Se non può (puoi, potete) farlo, me lo dice (dici, dite)? — No, se non posso
(possiamo) farlo, non glielo (te lo, ve lo) dico (diciamo). 11) Se non può
(. . .) venire, mi telefona per dirmelo? — No, se non posso venire, non Le
telefono per dirglielo. 12) Se non Le piace il pranzo, che cosa fa? — Se non

mi piace il pranzo, non faccio niente. 13) Se ha bisogno di contanti, va in banca? — No, se ho bisogno di contanti, non vado in banca. 14) Se non rispondiamo, si arrabbia il professore? — No, se non rispondiamo, il professore non si arrabbia. 15) Se il poliziotto è un mascalzone, possiamo fare qualche cosa? — No, se il poliziotto è un mascalzone, non possiamo fare niente. 16) Se il ristorante è caro, ci andiamo lo stesso? — No, se il ristorante è caro, non ci andiamo. 17) Se tua moglie ti ama, sei contento? — No, se mia moglie mi ama, non sono contento. 18) Se il capufficio arriva tardi, arriviamo tardi anche noi? — No, se il capufficio arriva tardi, non arriviamo tardi anche noi.

Lezione 17, pagina 92
1) Conosco Giovanna. 2) Conosci (conosce, conoscete) Londra? 3) Sai (sa, sapete) guidare? 4) Sai (sa, sapete) la risposta? 5) Conosci (. . .) sua moglie? 6) Conosci quel negozio? 7) Conosci la sua famiglia? 8) Sai la lezione? 9) Conoscono i suoi parenti? 10) Sa l'italiano?

Lezione 17, pagina 93
1) It's not what you think. 2) It isn't what I mean. 3) I don't understand what you want. 4) I know what he/she'll tell you. 5) Do you know what interests him?

Lezione 17, pagina 93
1) Sa ciò che vuole mangiare? 2) Non sono sicuro(a) di ciò che pensa. 3) Sappiamo ciò che dobbiamo fare. 4) E' ciò che mi preoccupa. 5) E' ciò che mi interessa.

Lezione 18, pagina 96
1) E' la più alta della famiglia. 2) Non è ricco come mio fratello. 3) E' il peggior capufficio della ditta. 4) Sono al verde come Lei (te). 5) E' una bellissima ragazza.

Lezione 18, pagina 96
1) la migliore 2) la più povera 3) la più cara 4) il più vicino 5) la più lunga 6) il migliore 7) il peggiore 8) il più noioso.

Lezione 18, pagina 96
1) Questa ragazza è più seria di me. 2) Questa spiaggia è più bella di quella. 3) Il primo piano è più pulito del pianterreno. 4) Il fornaio è più vicino del macellaio. 5) Il tuo anello è più caro del mio bracialetto. 6) Sua moglie è più brutta della tua. 7) Questa lezione è più interessante dell'altra. 8) Il suo nuovo romanzo è migliore del primo. 9) Sua figlia è più carina della moglie. 10) Questa somma è più importante di quella della settimana scorsa.

Lezione 18, pagina 97

tall: più alto di, meno alto di, alto come, il più alto, il meno alto, molto alto, altissimo — *long:* più lungo di, meno lungo di, lungo come, il più lungo, il meno lungo, molto lungo, lunghissimo — *bad:* peggiore di, meno cattivo di, cattivo come, il peggiore, il meno cattivo, molto cattivo, pessimo — *hot:* più caldo di, meno caldo di, caldo come, il più caldo, il meno caldo, molto caldo, caldissimo — *strong:* più forte di, meno forte di, forte come, il più forte, il meno forte, molto forte, fortissimo — *sad:* più triste di, meno triste di, triste come, il più triste, il meno triste, molto triste, tristissimo — *heavy:* più pesante di, meno pesante di, pesante come, il più pesante, il meno pesante, molto pesante, pesantissimo — *deep:* più profondo di, meno profondo di, profondo come, il più profondo, il meno profondo, molto profondo, profondissimo — *weak:* più debole di, meno debole di, debole come, il più debole, il meno debole, molto debole, debolissimo — *dangerous:* più pericoloso di, meno pericoloso di, pericoloso come, il più pericoloso, il meno pericoloso, molto pericoloso, pericolosissimo — *difficult:* più difficile di, meno difficile di, difficile come, il più difficile, il meno difficile, molto difficile, difficilissimo — *expensive:* più caro di, meno caro di, caro come, il più caro, il meno caro, molto caro, carissimo — *careful:* più attento di, meno attento di, attento come, il più attento, il meno attento, molto attento, attentissimo — *intelligent:* più intelligente di, meno intelligente di, intelligente come, il più intelligente, il meno intelligente, molto intelligente, intelligentissimo — *polite:* più cortese di, meno cortese di, cortese come, il più cortese, il meno cortese, molto cortese, cortesissimo — *fair:* più giusto di, meno giusto di, giusto come, il più giusto, il meno giusto, molto giusto, giustissimo — *shitty:* più schifoso di, meno schifoso di, schifoso come, il più schifoso, il meno schifoso, molto schifoso, schifosissimo — *old:* più vecchio di, meno vecchio di, vecchio come, il più vecchio, il meno vecchio, molto vecchio, vecchissimo — *good:* migliore di, meno buono di, buono come, il migliore, il meno buono, molto buono, ottimo — *stupid:* più stupido di, meno stupido di, stupido come, il più stupido, il meno stupido, molto stupido, stupidissimo — *crowded:* più affollato di, meno affollato di, affollato come, il più affollato, il meno affollato, molto affollato, affollatissimo — *hard:* più duro di, meno duro di, duro come, il più duro, il meno duro, molto duro, durissimo.

Lezione 18, pagina 97

1). Il nostro viaggio è interessante come il tuo (il Suo, il vostro) — Il nostro viaggio è più interessante del tuo (del Suo, del vostro). 2) Le mie scarpe sono a buon mercato come le loro. — Le mie scarpe sono più a buon mercato delle loro. 3) I tuoi (Suoi, vostri) gioielli sono belli come quelli di lei. — I tuoi (Suoi, vostri) gioielli sono più belli dei suoi. 4) Questo libro vale poco come quello. — Questo libro vale meno di quello. 5) Il tuo (Suo, vostro) passatempo favorito è noioso come il mio. — Il tuo (Suo, vostro) passatempo favorito è più noioso del mio.   6) Questa lezione è facile come l'ultima. — Questa lezione è più facile dell'ultima.   7) Il tuo (Suo, vostro) portafoglio è pieno come il mio. — Il tuo (Suo, vostro) portafoglio è più pieno del mio.   8) La mia doccia è calda come quella di Giovanna. — La mia doccia è più calda di quella di Giovanna.   9) Questo ristorante è affollato come l'altro. — Questo ristorante è più affollato dell'altro.   10) La mia stanza è transcurata come la tua (Sua, vostra). — La mia stanza è più trascurata della tua (Sua, vostra).   11) Queste montagne sono alte come il cielo. — Queste montagne sono più alte del cielo.   12) Il mio vestito è corto come il tuo (Suo, vostro). — Il mio vestito è più corto del tuo (Suo, vostro).   13) E' pigro come suo padre. — E' più pigro di suo padre.   14) Sono benestanti come i loro genitori. — Sono più benestanti dei loro genitori.   15) I professori sono poveri come gli studenti. — I professori sono più poveri degli studenti.

Lezione 18, pagina 98
tristemente — duramente — bene — male — seriamente — facilmente — lungamente — cortesemente — frequentemente — dolcemente — profonda- mente — stancamente — follemente — lentamente — rapidamente — prontamente — felicemente — seccamente — raramente — grandemente — stupidamente — intelligentemente — caramente — improvvisamente — probabilmente — difficilmente — pesantemente — fortemente.

Lezione 19, pagina 101
1) E' a sinistra.   2) Ho dormito due ore.   3) Ho divorziato due anni fa.
4) Abbiamo cominciato le lezioni d'italiano il mese scorso.   5) Ha (hai, avete mangiato molto stamattina?   6) Mi ha telefonato due ore fa.   7) Ho parlato per due ore ieri.   8) Ho avuto bambini solo quattro anni fa.
9) Hanno finito la lezione ieri sera.   10) Ha lasciato l'ufficio alle dieci.

Lezione 19, pagina 102
1) Non abbiamo visitato il museo.   2) Non ho dimenticato il tuo nome.
3) Non trovo che hai avuto torto.   4) Non ho amato molto quel tipo.
5) Non ha venduto la macchina a mia cugina.   6) Non ti abbiamo aspettato per mangiare.   7) Non abbiamo mangiato senza pane.   8) Non è ciò che ho visto.   9) Non hanno guardato la televisione ieri sera.   10) Oggi non abbiamo mangiato spaghetti alla bolognese.

Lezione 19, pagina 102
1) Ha avuto (hai avuto, avete avuto) male ai denti la settimana scorsa? — No, non ho (abbiamo) avuto male ai denti la settimana scorsa.   2) Ha (hai, avete) starnutato poco fa? — No, non ho (abbiamo) starnutato poco fa.   3) Ha (hai, avete) avuto mal di gola due settimane fa? — No, non ho (abbiamo) avuto mal di gola due settimane fa.   4) Ha riposato dopo il lavoro ieri? — No, non ha riposato dopo il lavoro ieri.   5) Ha (hai, avete) portato solo i libri? — No,

non ho (abbiamo) portato solo i libri.   6) Ha (hai, avete) dovuto pagare? —
No, non ho (abbiamo) dovuto pagare.   7) Ha (hai, avete) avuto paura dei
cani? — No, non ho (abbiamo) avuto paura dei cani.   8) Ha (hai, avete)
avuto una bella giornata? — No, non ho (abbiamo) avuto una bella giornata.

Lezione 19, pagina 103
— sperare, sperato — dormire, dormito — guardare, guardato — potere,
potuto — dovere, dovuto — mangiare, mangiato — comprare, comprato —
volere, voluto — sapere, saputo — conoscere, conosciuto — capire, capito —
preferire, preferito — proibire, proibito — guidare, guidato — aspettare,
aspettato — trovare, trovato — ricevere, ricevuto — sentire, sentito —
completare, completato — tenere, tenuto — chiamare, chiamato — gettare,
gettato — seguire, seguito — riconoscere, riconosciuto — ripetere, ripetuto —
dare, dato — parlare, parlato — provare, provato.

Lezione 19, pagina 104
1) Non ho mai preso la metropolitana.   2) Ha già speso tutto il denaro?
3) Che cosa ha (hai, avete) fatto ieri sera?   4) Le hanno (ti hanno, vi hanno)
detto ciò ieri?   5) Ha (hai, avete) finito la lezione?   6) Ha (hai, avete)
sentito che cosa ha detto?   7) Ha (hai, avete) scritto il suo indirizzo?   8) Ha
dovuto farlo una settimana fa?   9) Hanno avuto tempo i turisti di vedere un
museo stamattina?   10) Le (ti, vi) hanno mandato i libri a tempo?

Lezione 19, pagina 104
1) Gli alunni non hanno risposto alle domande.   2) Non mi hai fatto un
bel regalo.   3) Il bambino non ha pianto molto durante la notte.   4) Non
hanno bevuto troppo vino.   5) Non ho letto il libro e non ho visto la
commedia.   6) Non abbiamo offerto il pranzo a tutti.

Lezione 20, pagina 109
1) We've never been to Chicago.   2) I haven't been to New York for a long
time.   3) He went out with her last night.   4) The accident happened during
the night.   5) He was born in Rio de Janeiro.   6) She died last year.   7) I've
never fallen down.   8) We returned home after work.   9) She went upstairs.
10) I wonder if you have ever been to the States.

Lezione 20, pagina 109
1) Sei (è) mai stato(a) (siete mai stati(e) al cinema con lui?   2) Hai (ha,
avete) mai visto un film di prima qualità?   3) E' caduta e si è rotta un
braccio.   4) E'italiana ma malgrado ciò è nata a Nuova York.   5) Perchè è
venuto(a) (siete venuti(e) a trovarmi solo una volta?   6) Il marito e la moglie
sono morti insieme.   7) Non è tornato a casa oggi.   8) Sono andato(a) spesso
alla spiaggia.   9) Non siamo mai stati(e) in Cina.   10) Sono andato(a) solo
una volta allo zoo.   11) E' nata in Europa.   12) Dove è (sei) nato(a)? — Sono
nato(a) a Roma.

Lezione 21, pagina 111

1) I've just finished writing a letter.   2) We've just finished drinking coffee.
3) She just went upstairs.   4) He/she's going to go out.   5) The plane's going
to take off.   6) That poor woman's going to die.

Lezione 21, pagina 111

1) Ho appena finito di leggere il libro.   2) Giovanna è appena partita.   3) Si
decida!   4) Hanno appena comprato un nuovo appartamento.   5) E'
appena uscito.   6) Sta per uscire.   7) Abbiamo appena finito di fare le
valigie.   8) Inganna suo marito.

Lezione 21, pagina 113

1) Do you want some more wine?   2) She isn't sick any more.   3) We often
talk to each other.   4) I don't want any more bread. Do you want some
more?   5) We write to each other a lot during the year.   6) Do you still
plan to divorce?   7) Do you want something else?   8) They love each other
very much.   9) Some more water, please!   10) Do you still have problems
with the boss?   11) Do you plan to ask your father for more dough?
12) Do you like coffee? — No, I don't like it.   13) Do you like Italian ice-
creams? — Yes, I like them very much.   14) Italian is spoken here.

Lezione 21, pagina 113

1) Si amano ancora.   2) Abitano ancora a Nuova York?   3) Lei vuole (tu
vuoi, voi volete) sempre fare un viaggio con me?   4) Si parlano spesso.
5) E' ancora preoccupata per la salute dei bambini?   6) Vuole (vuoi) ancora del
pane? — No, non ne voglio più, grazie.   7) Prende (prendi) ancora medicine
per il mal di gola?   8) Fa ancora male?   9) Le piacciono (ti piacciono) le
carote? — Sì, mi piacciono.   10) Si mangia molto pesce in Italia.

Lezione 21, pagina 114

1) Noi lavoriamo da due ore, ma lui ha lavorato solo un'ora.   2) Stanno
mangiando da mezzogiorno.   Hanno già mangiato tutto il pollo.
3) Prendiamo lezioni d'italiano da due anni. Abbiamo preso cinquanta
lezioni l'anno scorso.   4) E' stato(a) (sei stato(a) a Nuova York? — Sì, ci
sono andato(a) l'anno scorso.   5) Dorme da dieci ore. Ha dormito dieci ore
anche la notte scorsa.   6) Stai (sta, state) guardando la televisione da un'ora.
L'hai (l'ha, l'avete) guardata tutto il giorno ieri.   7) Vivono a Roma da
cinque anni. Prima sono vissuti (hanno abitato) a Parigi per un anno.   8) I
bambini giocano da due ore. Hanno giocato con i loro compagni anche ieri
per due ore.   9) Lavora per questa ditta da dodici anni. Ha lavorato per
l'altra solo due anni.   10) Stanno litigando da mezz'ora. Hanno litigato tutto
il giorno ieri.

Lezione 22, pagina 118
1) Pietro è venuto quando noi mangiavamo. 2) Tu leggevi un libro quando
io sono venuto. 3) Giovanni parlava col direttore quando io sono entrato
nell'ufficio. 4) Alle otto Maria è partita mentre noi lavoravamo ancora.
5) Le segretarie parlavano quando il direttore è entrato nella stanza.
6) Quando io sono uscito, pioveva. 7) Quando tu mi hai telefonato, io facevo
il bagno. 8) Tu avevi un'aria triste quando ti ho incontrato ieri.

Lezione 22, pagina 119
1) Piangeva (piangevi, piangevate) quando sono entrato(a)? 2) Che
cosa faceva (facevi, facevate) quando ho telefonato? 3) Bevevano vino
mentre noi guardavamo la televisione. 4) Lei leggeva mentre lui parlava col
capufficio. 5) Festeggiavamo il mio compleanno quando ciò è successo.
6) Che cosa diceva (dicevi, dicevate) quando lei è entrata? 7) Io lavoravo
mentre Lei giocava (tu giocavi, voi giocavate) con i bambini. 8) Ho fatto
quell'esperimento quando lavoravo per lui.

Lezione 22, pagina 119
1) What were you doing yesterday while I was sleeping? 2) I was eating
when you came. 3) I was answering the questions while the other pupils
were listening. 4) The kids were watching TV while their parents were
reading. 5) We were drinking while you were working. 6) When you called,
I was taking a shower. 7) I was taking a bath when you came in the
bathroom. 8) He (she) was coming to see us when the accident happened.

Lezione 23, pagina 124
1) If you had the money, would you buy a new apartment? — Se hai i soldi,
compri un nuovo appartamento? 2) If you could, would you help me? — Se
Lei può, mi aiuta? 3) If the tourists had the time, would they see the
museums? — Se i turisti hanno tempo, vanno a vedere i musei? 4) If the
play were a flop, would we go to see it all the same? — Se la commedia è un
fiasco, andiamo a vederla lo stesso? 5) If you didn't understand, would you
tell me? — Se Lei non capisce, me lo dice? 6) If his company was successful,
the boss would be satisfied. — Se la ditta ha successo, il padrone è contento.
7) If you got divorced, would you be unhappy? — Se tu divorzi, sei infelice?
8) If it rained, we would take an umbrella. — Se piove, prendiamo un
ombrello. 9) If we had to do it, we would do it. — Se dobbiamo farlo, lo
facciamo. 10) If the weather were bad, we wouldn't go for a walk. — Se fa
brutto tempo, non facciamo la passeggiata. 11) If we were hungry, we
would finish yesterday night's meat. — Se abbiamo fame, finiamo la carne di
ieri sera. 12) If she couldn't come, would you come alone? — Se lei non può
venire, tu vieni solo?

Lezione 23, pagina 124

1) Se quel libro Le appartenesse, me lo presterebbe? (Se quel libro ti appartenesse, me lo presteresti? Se quel libro vi appartenesse, me lo prestereste?) — No, se quel libro mi appartenesse non glielo (te lo, ve lo) presterei. 2) Se Lei fosse in ritardo, mi telefonerebbe? (Se tu fossi in ritardo, mi telefoneresti, ecc.) — No, se fossi in ritardo, non Le telefonerei. 3) Se Lei fosse un turista, andrebbe a vedere il Museo d'Arte Moderna di Nuova York? — No, se fossi un turista, non andrei a vedere il Museo d'Arte Moderna di Nuova York. 4) Se fosse stanco, andrebbe a dormire nella mia camera? — No, se fossi stanco, non andrei a dormire nella Sua camera. 5) Se fossero ricchi, viaggerebbero? — No, se fossero ricchi non viaggerebbero. 6) Se dovessimo scegliere un dentista, sceglieremmo quello? — No, se dovessimo scegliere un dentista, non sceglieremmo quello. 7) Se fosse bocciato all'esame, continuerebbe a lavorare? — No, se fossi bocciato all'esame, non continuerei a lavorare. 8) Se dovessi scegliere un marito, sceglierei il Suo? — No, se dovessi scegliere un marito, non sceglierei il Suo. 9) Se non avessimo tanto denaro, potremmo andare a Parigi? — No, se non avessimo tanto denaro, non potremmo andare a Parigi. 10) Se potesse comprare quelle sigarette, me ne darebbe? — No, se potessi comprare quelle sigarette, non gliene darei. 11) Se lei trovasse un appartamento carino, lo comprerebbe? — No, se trovasse un appartamento carino, non lo comprerebbe. 12) Se quel vestito fosse in liquidazione, lo prenderei? — No, se quel vestito fosse in liquidazione, non lo prenderei. 13) Se piove, andiamo lo stesso? — No, se piove, non andiamo. 14) Se ci fosse il sole fuori, staremmo a casa? — No, se ci fosse il sole fuori, non staremmo a casa. 15) Se Lei lavora a orario ridotto, guadagna abbastanza denaro? — No, se lavoro a orario ridotto, non guadagno abbastanza denaro. 16) Se suo marito la critica continuamente, lo lascerà? — No, (anche) se suo marito la critica continuamente, non lo lascerà.

Lezione 24, pagina 129

1) Se non dovessi lavorare, giocherei col gatto. — Se non avessi dovuto lavorare, avrei giocato col gatto. 2) Se piovesse, non andremmo. — Se fosse piovuto, non saremmo andati. 3) Se Lei non mi imprestasse denaro, non potrei comprare una macchina. — Se Lei non mi avesse imprestato denaro, non avrei potuto comprare una macchina. 4) Se avessi tempo, cercherei un lavoro migliore. — Se avessi avuto tempo, avrei cercato un lavoro migliore. 5) Se volesse, andremmo al cinema. — Se avesse voluto, saremmo andati al cinema. 6) Se potessi scegliere, prenderei questo. — Se avessi potuto scegliere, avrei preso questo. 7) Se il museo fosse aperto, ci andremmo. — Se il museo fosse stato aperto, ci saremmo andati. 8) Se il telefono suonasse, non risponderei. — Se il telefono avesse suonato, non avrei risposto. 9) Se avessi i soldi, comprerei una casa in campagna. — Se avessi avuto i soldi, avrei comprato una casa in campagna. 10) Se Mario arrivasse oggi, sarei contento. — Se Mario fosse arrivato oggi, sarei stato contento.

206

Lezione 24, pagina 129

1) Se lavoro a orario ridotto, non ho abbastanza denaro. — Se lavorassi a orario ridotto, non avrei abbastanza denaro. — Se avessi lavorato a orario ridotto, non avrei avuto abbastanza denaro. 2) Se devo fare i piatti, mi aiuti (aiuta, aiutate)? — Se dovessi fare i piatti, mi aiuteresti (aiuterebbe, aiutereste)? — Se avessi dovuto fare i piatti, mi avresti (avrebbe, avreste) aiutato? 3) Se tutto va male, vado a letto. — Se tutto andasse male, andrei a letto. — Se tutto fosse andato male, sarei andato a letto. 4) Se non può scrivere, telefona. — Se non potesse scrivere, telefonerebbe. — Se non avesse potuto scrivere, avrebbe telefonato. 5) Se continua (continui, continuate) a urlare, riattacco. — Se tu continuassi (se Lei continuasse, se voi continuaste) a urlare, riattaccherei. — Se tu avessi continuato (se Lei avesse continuato, se voi aveste continuato) a urlare, avrei riattaccato. 6) Se mi deludi (delude, deludete) ancora, ti lascio (La lascio, vi lascio). — Se tu mi deludessi (se Lei mi deludesse, se voi mi deludeste) ancora, ti (La, vi) lascerei. — Se tu mi avessi deluso (se Lei mi avesse deluso, se voi mi aveste deluso) ancora, ti (La, vi) avrei lasciato. 7) Se guadagna molto denaro, lo sposo. — Se guadagnasse molto denaro, lo sposerei. — Se avesse guadagnato molto denaro, lo avrei sposato. 8) Se hai (ha, avete) mal di testa, puoi (può, potete) riposare. — Se avessi (avesse, aveste) mal di testa, potresti (potrebbe, potreste) riposare. — Se avessi (avesse, aveste) avuto mal di testa, avresti (avrebbe, avreste) potuto riposare. 9) Se sei gentile (= buono, buona), non ti sculaccio. — Se tu fossi gentile, non ti sculaccerei. — Se tu fossi stato(a) gentile, non ti avrei sculacciato(a). 10) Se decidi (decide, decidete) di andare, devi (deve, dovete) dirmelo. — Se tu decidessi (se Lei decidesse, se voi decideste) di andare, dovresti (dovrebbe, dovreste) dirmelo. — Se tu avessi deciso (se Lei avesse deciso, se voi aveste deciso) di andare, avresti (avrebbe, avreste) dovuto dirmelo. 11) Se menti (mente, mentite) ancora, sono stufo. — Se tu mentissi (se Lei mentisse, se voi mentiste) ancora, sarei stufo. — Se tu avessi mentito (se Lei avesse mentito, se voi aveste mentito) ancora, sarei stato stufo. 12) Se vuoi (vuole, volete) prendere l'aereo, devi (deve, dovete) fare le valigie ora. — Se tu volessi (se Lei volesse, se voi voleste) prendere l'aereo, dovresti (dovrebbe, dovreste) fare le valigie ora.

Lezione 25, pagina 132

1) Diceva che avrebbe fatto subito le valigie. 2) Ti ho detto che saresti partito domenica. 3) Ha scritto che sarebbe venuto la settimana prossima.
4) Sapevamo già che saremmo stati bocciati all'esame. 5) Sapevo che un giorno o l'altro sarebbe tornato a casa. 6) Sapevamo che con questo libro avremmo parlato presto e bene l'italiano. 7) Ti ho detto che sarei andato in Italia per le vacanze. 8) Hanno scritto che sarebbero passati da Roma in settembre. 9) Mi sono reso conto che non avrei parlato italiano dopo pochi giorni. 10) Ha avuto la faccia tosta di dire che avrebbe pagato più tardi.
11) Stavano litigando per sapere chi non avrebbe fatto i lavori di casa.
12) Non si rendeva conto che se non fosse uscito alle otto avrebbe perso il

treno. 13) Andavano sempre d'accordo quando si trattava di decidere quale film avrebbero guardato alla televisione. 14) Quel rompiscatole ha detto che avrebbe aspettato anche due ore per parlare con Lei.

Lezione 25, pagina 132
1) So che verrà. 2) Diciamo che andremo al cinema. 3) Lo scrittore pensa che il suo libro sarà il migliore dell'anno. 4) Mi dice che gli piacerà lavorare a orario ridotto. 5) Si rende conto che il fatto di scrivere questo libro gli prenderà troppo tempo. 6) So che non sarai capace di farlo. 7) Mi rendo conto che quello scocciatore non partirà subito. 8) Leggiamo sul giornale che il tempo sarà pessimo. 9) Dicono che faranno sciopero. 10) Il medico dice che morrà. 11) Il bandito non pensa che sarà arrestato sul luogo della rapina. 12) Quella carogna dice che accetterà con piacere una bustarella.

Lezione 25, pagina 133
1) Sapevo che ci avresti (avrebbe, avreste) aiutati. 2) Sapevo che non saresti stato (che non sarebbe stato, che non sareste stati) soddisfatto (soddisfatti). 3) Ha detto che avrebbe saputo guidare a Natale. 4) Sapevo che avresti (avrebbe, avreste) litigato con mia madre. 5) Pensavo che avrei potuto farlo. 6) Pensavamo tutti che i prezzi sarebbero scesi. 7) Il candidato pensava che avrebbero votato per lui. 8) Sapevo che saresti stato (che sarebbe stato, che sareste stati) fortunato (fortunati). 9) Ha detto che sarebbe arrivato a tempo. 10) Non pensavo che avrebbe brontolato sulla decisione.
11) Pensavamo che avresti (avrebbe, avreste) potuto scrivere. 12) Non ti sei reso conto che avrei potuto aiutarti? (non si è reso conto che avrei potuto aiutarLa? non vi siete resi conto che avrei potuto aiutarvi?).

Lezione 25, pagina 133
1) No, non pensavo che avresti telefonato prima delle otto. 2) No, non sapevamo che oggi avreste fatto sciopero. 3) No, non abbiamo pensato che il bandito avrebbe tirato. 4) No, non immaginavo che quel tipo avrebbe voluto una bustarella. 5) No, non pensavo che oggi sarebbe piovuto.
6) No, non Le ho detto che avrei finito quel lavoro per martedì. 7) No, non sapevo che mi avrebbe amata pazzamente. 8) No, non pensavo che mi sarei trovata nei guai. 9) No, non immaginavo che mio marito mi avrebbe ingannata. 10) No, non sapevano che il padre li avrebbe puniti. 11) No, non ho pensato che avrebbe potuto aiutarmi. 12) No, la mia segretaria ieri non ha detto che avrebbe subito scritto e spedito la lettera.

Lezione 26, pagina 136
1) Diceva che aveva visto una tigre allo zoo. 2) Ero sicuro che lo avevo già visto (di averlo già visto) prima. 3) Quando è venuto avevamo già mangiato. 4) Ha detto che aveva divorziato perchè l'aveva ingannata. 5) Quando ha rifiutato questo posto, ne aveva già accettato un'altro. 6) Non gli credeva più, perchè non le aveva sempre detto la verità. 7) Aveva paura perchè

qualcuno lo aveva seguito. 8) Mi ha detto che aveva trovato (di aver trovato) una dieta formidabile. 9) Era già uscito quando ho telefonato. 10) Desiderava sapere che cosa era successo tra loro.

Lezione 26, pagina 137

1) Ha detto che ti aveva aspettato tutto il giorno. 2) Ha detto che era venuto invano. 3) Ha detto che aveva preso l'aereo. 4) Ha scoperto tardi che sua moglie l'aveva ingannato. 5) Mi sono reso conto che il signor Bianchi aveva fatto uno sbaglio quando ho verificato il libro dei conti. 6) Quando sono arrivata, essi avevano già affittato la casa. 7) Avevi finito i compiti quando sono entrato? 8) Avete detto che avevate già visto il film? 9) Perchè avete detto che avevate perso la grana? 10) Non avete pensato che quel tipo aveva fatto il poliziotto quando era giovane. 11) Ti ho detto che avevo perso la borsetta e che ne avevo comprata un'altra? 12) Maria ti ha detto che era venuta in bicicletta? 13) L'artista era morto quando i suoi dipinti sono diventati celebri. 14) Perchè non mi hai detto che tuo marito ti aveva mentito? 15) Perchè sua moglie gli ha detto che era partita? 16) Quando ti ho telefonato avevamo finito di mangiare. 17) Il ladro correva perchè aveva visto i poliziotti. 18) Il commerciante era soddisfatto perchè aveva guadagnato molto denaro. 19) Gli studenti erano contenti perchè le vacanze erano cominciate. 20) Non ho mangiato il pompelmo perchè avevo già mangiato una mela e due pesche. 21) Ha cominciato una dieta perchè era ingrassato troppo. 22) Quando la polizia lo ha arrestato, il bandito aveva tirato già due volte. 23) Quando il proprietario è arrivato, il ladro aveva rubato i gioielli e il denaro. 24) Quando ho visto quel film ci ho messo un'ora a scoprire chi aveva pagato il sicario per uccidere il testimone.

Lezione 26, pagina 138

1) Fra poco diventerà buio più presto. 2) Può ripetere per favore? Non ho capito. 3) Se non chiudi il becco, ti farai sgridare! 4) Siete arrivati ieri o stamattina? 5) Quando va in Italia, può procurarmi un po' di vino italiano? 6) Dove si è procurato questa bella giacca? 7) Potrebbe spiegarmelo? Non lo capisco. 8) Penso che dovresti tentare di avere (conseguire) il diploma quest'anno.

Lezione 27, pagina 140

1) Sono stanco ma voglio lo stesso andar fuori a pranzare. 2) La inganna, tuttavia lei lo ama. 3) Piove, ma voglio lo stesso fare un po' di spese. 4) I don't want to do the housework but still I do it. 5) I'm tired of moving, but I accepted this new job all the same. 6) She's ill but she still works hard.

Lezione 27, pagina 141

1) E' uscito senza pagare. 2) Invece di fumare, dovrebbe uscire a fare una passeggiata. 3) E' partito senza aver mangiato. 4) Prima di andare al cinema mangerò un panino. 5) Dopo aver telefonato, è andato a letto. 6) E' uscita

senza parlargli.   7) Ha superato l'esame senza studiare.   8) I banditi sono
fuggiti senza rubare niente.   9) Invece di discutere dovremmo decidere cosa
fare.   10) Dopo avere letto questo libro scriverò una lettera a mio padre.
11) Senza dire niente lo ha colpito.   12) Invece di mangiare ora, vuole andare
a farle visita all'ospedale?   13) Grazie per essere venuto.   14) Ero già dimagrita
molto prima di incontrarlo.   15) Invece di lavorare stava leggendo un
giornale.   16) Non vedo l'ora di finire questo dannato libro.

Lezione 27, pagina 142
1) L'uomo di cui Le parlavo è il mio migliore amico.   2) La donna il cui
l'amico è francese è molto provocante.   3) L'uomo a cui penso non è ancora
venuto.   4) Mi può dare il denaro di cui ho bisogno?   5) Mi piacerebbe il
genere di caffè a cui sono abituato.   6) E' il tipo di uomo di cui ho bisogno.
7) E' ciò di cui Le sto parlando.   8) L'uomo di cui conosco il fratello verrà
da Lei (da te, da voi) domani.   9) L'anno in cui sono nato è stato un
anno buono per il vino.   10) La casa in cui vivo appartiene a mio padre.
11) Il ponte su cui siamo è a senso unico.   12) La stanza in cui sono è molto
fredda.   13) La sedia su cui siedi (siede, sedete) è vecchissima.   14) Il letto
su cui sei è mio.

Lezione 27, pagina 143
1) Ha già mangiato.   2) Ha già finito il suo lavoro?   3) Hanno già telefonato?
— No, non ancora.   4) L'ho già fatto.   5) Non ha ancora risposto.   6) Dorme
già? — No, non ancora.

Lezione 27, pagina 143
1) Non ha ancora telefonato.   2) Non ha ancora trovato una nuova fidanzata.
3) Non hai ancora comprato un'Alfa Romeo?   4) Non abbiamo ancora dato
un esame.   5) Non siete ancora andati a vedere l'Aida?   6) Non ho ancora
visto questo film.

Lezione 28, pagina 145
1) Devi (deve, dovete) andare oggi.   2) Era tenuta a dirti (dirLe, dirvi) la
verità.   3) Deve essere partito (sarà partito).   4) Devi (deve) essere stanco
(dovete essere stanchi) — Sarai (sarà) stanco (sarete stanchi).   5) Siamo tenuti
a lavorare così tardi?   6) Non eri (era) tenuto (non eravate tenuti) ad
invitarlo.   7) Non dovevo dirti (dirLe, dirvi) la verità.   8) Devono non aver
capito (non avranno capito).

Lezione 28, pagina 145
1) The journalist had to write an article about the new candidate.   2) Why
didn't he come? He must be in Rome.   3) I haven't seen him for a long time,
he must be in prison again.   4) I didn't have to go yesterday.   5) The streets
are wet. It must have rained.

Lezione 28, pagina 146
1) Avrebbe (avresti, avreste) dovuto comprare più verdura.   2) Dovrebbe
telefonarle.   3) Non avrebbe (avresti, avreste) mai dovuto dire ciò.   4) Perchè
dovrei scrivergli?   5) Non penso che dovrebbe (dovresti, dovreste) scrivere
ora, ma avrebbe (avresti, avreste) dovuto scrivere la settimana scorsa.
6) Perché i bambini non avrebbero dovuto mangiare alle cinque?   7) Non
avrebbe dovuto mentire.   8) Ha ragione. Avremmo dovuto dirglielo. (Hai
ragione.   Avremmo dovuto dirtelo. — Avete ragione. Avremmo dovuto
dirvelo.)

Lezione 28, pagina 146
1) He should have listened to you.   2) You should have waited for the bus.
3) You shouldn't be afraid of the dark.   4) I should have bought that
painting.   5) They shouldn't have given him a bribe.   6) What on earth
should we have done?   7) I don't think you should go.   8) You're supposed
to know it.

Lezione 28, pagina 148
1) Close the window, John!   2) Don't open the door, Mary!   3) Send a card
to your mother, David, send it today!   4) Children, finish your homework
quickly!   5) Antony and Mark, don't touch my books!   6) Peter, take a pen
and write to your father at once!

Lezione 28, pagina 148
1) Fuma (non fumare) una sigaretta Nazionale!   2) Guarda (non guardare)
dalla finestra la gente che passa!   3) Lavora (non lavorare) tutta la notte!
4) Bevi (non bere) un altro caffè!   5) Scendi (non scendere) al pianterreno!
6) Compra (non comprare) una bottiglia di vino buono!

Lezione 28, pagina 148
1) Finite (non finite) questo lavoro per stasera!   2) Andate (non andate) alla
piscina!   3) Fate (non fate) attenzione a quello che dice Marco!   4) Dite
(non dite) quello che pensate!   5) Bevete (non bevete) una Coca Cola dopo
aver nuotato!   6) Pulite (non pulite) la cucina dopo aver mangiato!

Lezione 28, pagina 150
1) Please come here, Mrs Smith!   2) Open the door, Miss Brown!   3) Don't
close the window, Mr Peters!   4) Listen carefully to what I'm saying, Mr
White!   5) You haven't yet paid your hotel bill, Sir? Pay it now, please!
6) Go now to do your shopping, if you want to. The shops are still open.
7) Drink another glass of wine!   8) Come into this room, ladies and
gentlemen, and admire this painting by Tintoretto!   9) Give me those black
shoes which are in the window!   10) Here they are, Sir, come and try them
on!   11) Mr Brown, tell your tenant not to make so much noise at night
time, please!   12) Change from gas to oil, it costs less!

Lezione 28, pagina 150

1) Mi scusi, signora! 2) Mi ascolti, signore! 3) Cameriere, mi porti uno scotch! 4) Telefonami stasera, tesoro! 5) Porta questo libro a tua madre, giovanotto! 6) Dovrebbe bere un po' d'acqua, signore! 7) Dovrebbe subaffittare una parte della Sua casa, signora Smith! 8) Mi scusi, signore, può dirmi dov'è la posta? — Prenda la prima via a destra a poi la seconda a sinistra. — Grazie mille.

Lezione 29, pagina 152

1) The boss was so angry that he went out shouting. 2) You talk so much! 3) He eats so much that he's gaining a lot of weight! 4) She's so tired she's going to stay in bed. 5) We laughed so much! 6) They had so much work yesterday that they left the office at 10 p.m.

Lezione 29, pagina 152

1) E' così testarda che non ti (La, vi) ascolterà. 2) E' così sincera che fa male. 3) Sono così ricchi (ricche)! 4) Ha bevuto tanto caffè che non poteva dormire. 5) Siamo così infelici che dovremmo divorziare. 6) Fa così freddo fuori che resterò a casa.

Lezione 29, pagina 153

1) Sto mangiando e stavo mangiando quando hai (ha, avete) telefonato. 2) Stavano avendo una lezione d'italiano quando è arrivato. 3) Stavamo leggendo quando tuo (Suo, vostro) fratello ha acceso la televisone. 4) Stavamo venendo a trovarti (trovarLa, trovarvi) quando abbiamo incontrato tua (Sua, vostra) suocera.

Lezione 29, pagina 153

1) Sì, ne ho. — No, non ne ho. 2) Sì, ne parlavamo bene. — No, non ne parlavamo bene. 3) Sì, ne abbiamo molta. — No, non ne abbiamo molta. 4) Sì, ne ha bisogno. — No, non ne ha bisogno. 5) Sì, ne parlano molto. — No, non ne parlano molto. 6) Sì, ne vendiamo molti. — No, non ne vendiamo molti. 7) Sì, gliene regalo qualche volta. — No, non gliene offro mai. 8) Sì, ne hanno due. — No, non ne hanno due.

Lezione 29, pagina 154

1) Ci sono vissuto un anno. 2) Ci andiamo subito? 3) Ci è andato con me.

Lezione 29, pagina 155

1) C'era molta neve in inverno? 2) Ci sarà molto lavoro da fare? 3) C'erano molti bambini che giocavano nel parco. 4) C'erano problemi con l'ultima lezione? 5) C'erano solo quattro persone nel ristorante. 6) C'erano molti passeggeri contenti del viaggio. 7) Ci sarà folla nella casa. 8) Ci sono sempre molti turisti a Roma.

Lezione 29, pagina 155
1) Ti ho detto (Le ho detto, vi ho detto) di non lavorare troppo. 2) Mi ha avvertito di non andare. 3) Mi hai promesso di non lasciarmi. 4) Ha scritto di non aspettarla. 5) Gli ho chiesto di non telefonare.

Lezione 29, pagina 155
1) Questa è la ragione per cui vuole andare all'estero. 2) Questa è la ragione per cui mi va bene. 3) Sono deluso, e questa è la ragione per cui parto.
4) Non [lo] so e questa è la ragione per cui sto menando il cane per l'aia.
5) Non sono sicuro e questa è la ragione per cui non so rispondere. 6) Siamo poveri e questa è la ragione per cui abbiamo bisogno di denaro. 7) E' un cretino e questa è la ragione per cui divorzio.

Lezione 30, pagina 159
1) Do you often make mistakes? — No, non mi sbaglio spesso. 2) Do you remember your last holidays? — No, non me ne ricordo. 3) Is Smith your name? — No, non mi chiamo Smith. 4) Do you give a darn about what I say? — No, non ce ne infischiamo. 5) Did you get married in church? — No, non ci siamo sposati in chiesa. 6) Do they get up early every day? — No, non si alzano presto tutti i giorni. 7) Does the child usually go to sleep late? — No, il bambino di solito non si addormenta tardi. 8) Don't you feel well? — No, non mi sento bene. 9) Did Tony and Mary get engaged yesterday? — No, non si sono fidanzati ieri. 10) Have you made up your mind or not? — No, non ci siamo decisi. 11) Did his (her) parents get very angry? — No, non si sono arrabbiati molto. 12) Do you get undressed in front of your husband? — No, non mi spoglio davanti a mio marito.

Lezione 30, pagina 159
1) Mi lavo e mi vesto per il ricevimento. 2) Ci domandiamo perchè gli ha (hai, avete) detto di non venire. 3) Si sposano domani. 4) Stasera voglio divertirmi.
5) Mi sbaglio sempre. 6) Si rende conto (ti rendi conto, vi rendete conto) di ciò che dice (dici, dite)? 7) Non mi ricordo di lui. 8) Si lamenta sempre.
— Di che cosa si lamenta? 9) Non so decidermi. 10) Mi infischio di tutto.
11) Spicciati! (spicciatevi! Si spicci!) 12) Mi sono rasato mentre lei si cambiava. 13) Se si decidesse non dovremmo più preoccuparci. 14) Se ci sposassimo ora, divorzieremmo presto. 15) Si abituerà (ti abituerai, vi abituerete) a questo dentifricio. 16) Non tutti i sogni si avverano. 17) I nostri vicini non si vergognano di rubare fiori dal nostro giardino. 18) Si scusi! (scusati! scusatevi!) 19) Mi sono perso quando tornavo dalla stazione.
20) Mi domando se la mia traduzione è esatta.

Lezione 31, pagina 161
1) tu stesso. 2) noi stessi. 3) voi stessi. 4) egli stesso. 5) essi stessi.
6) io stesso. 7) noi stessi. 8) io stesso. 9) Lei stesso.

Lezione 31, pagina 163

1) Mi sono domandato se sarebbe venuto. 2) Non si è reso conto di ciò che ha detto. 3) Mio nonno si è abituato a non fumare più. 4) Ti sei burlato troppo spesso di me. 5) Ti sei ricordato della nostra prima notte assieme? 6) Donatella si è lavata e si è vestita in un quarto d'ora. 7) Si è spicciato per uscire con te. 8) Non ci siamo lamentati di niente. 9) Mi sono sempre divertito quando sono uscito con voi. 10) La vecchia signora si è sempre seduta dietro il conducente. 11) Gli operai si sono resi conto che sarebbero stati licenziati. 12) Il commesso si è ricordato di quel cliente.

Lezione 31, pagina 163

1) Ci siamo sempre alzati tardi durante le vacanze ed ora ci alziamo presto per lavorare. 2) Non mi sono sbagliato ieri e non mi sbaglio ora. 3) Ci siamo divertiti ieri sera. Ci divertiamo sempre. 4) Mi sono spicciato ma tu (Lei) non ti sei reso conto (non si è reso conto) che volevo vederti (vederLa) prima. 5) Lui non si decide mai abbastanza presto. Tu ti sei già deciso? 6) Ti sei burlato (si è burlato, vi siete burlati) di me ieri. Sono stufo di te (di Lei, di voi). 7) Si è sposata di nuovo. Mi domando se si ricorda di tutti i suoi mariti. 8) Quasi tutti si interessavano alla conversazione. 9) Dovresti vergognarti (dovrebbe vergognarsi, dovreste vergognarvi) di prendere sul serio il suo pettegolezzo. 10) Non so abituarmi alla nuova macchina. 11) Mi sono tagliato quando ho tentato di radermi rapidamente. 12) Se mi fossi spicciato, non sarei arrivato in ritardo.

Lezione 31, pagina 167

1) ci siamo addormentati 2) hai fatto, farò 3) guarda 4) siete andati 5) leggeva, dormivo 6) litigano 7) sei stato 8) siete 9) guidava, è successo 10) sono sposati 11) dorme/dormiva/ha dormito 12) ha arrestato, aveva rubato 13) pensavo, avevi finito 14) studiamo 15) avete visto 16) sono andato 17) facevi, sono entrato 18) è 19) cominciamo/cominceremo 20) ho potuto, potrò 21) tento 22) aveva cucinato, sei tornato 23) ha riparato, funzionava 24) ci siamo lavati, ci laviamo 25) si ricordava, aveva detto, hai incontrato 26) dici 27) ho insegnato 28) sono divorziati, siete divorziati.

Lezione 32, pagina 168

1) Se posso, vado con lui. — Se potessi, andrei con lui. — Se avessi potuto, sarei andato con lui. 2) Se si amano/si amassero/si fossero amati, perchè non si sposano/non si sposerebbero/non si sarebbero sposati? 3) Se mi prendi/prendessi/avessi preso in giro, ti lascio/lascerei/avrei lasciato. 4) Se non dobbiamo/dovessimo/avessimo dovuto fare il lavoro noi stessi, facciamo/faremmo/avremmo fatto una passeggiata. 5) Se non studia [literally = se non lavora] /studiasse/avesse studiato, non supera/non supererebbe/non avrebbe superato l'esame. 6) Se saranno ricchi l'anno prossimo, compreranno una nuova casa. [the second and third form of IF aren't possible here]. 7) Se possiamo/potessimo/avessimo potuto aiutare, telefoniamo/telefoneremmo/avremmo telefonato. 8) Se vuole (vuoi, volete)/volesse (volessi, voleste)/

avesse voluto (avessi voluto, aveste voluto) vendere la macchina, la compro/ comprerei/avrei comprata io.   9) Se è/fosse/fosse stato un cretino, sua moglie non l'amerà/non l'amerebbe/non l'avrebbe amato più.   10) Se Sua (tua, vostra) sorella prenderà/prenderebbe/avesse preso la pillola, non sarà/non sarebbe/ non sarebbe stata incinta.   11) Se portiamo/portassimo/avessimo portato i cappotti in tintoria [literally: dal tintore], costa/costerebbe/sarebbe costato caro.   12) Se gli operai fanno/facessero/avessero fatto sciopero, i sindacati sono/sarebbero/sarebbero stati contenti.   13) Se c'è/ci fosse/ci fosse stata un'altra guerra, siamo/saremmo/saremmo stati tutti uccisi.   14) Se tu continui/continuassi/avessi continuato [a fare] fesserie, ti lascio/lascerei/ avrei lasciato.   15) Se non facciamo/facessimo/avessimo fatto una passeggiata, grido/griderei/avrei gridato.   16) Se vuole (vuoi, volete)/volesse (volessi, voleste)/avesse voluto (avessi voluto, aveste voluto) fare un viaggio, vengo/ verrei/sarei venuto con Lei (te, voi).   17) Se il suo amante non potrà più/non potesse più/non avesse più potuto scopare, sarà/sarebbe/sarebbe stata delusa. 18) Se la pubblicità commerciale è/fosse/fosse stata brutta [literally: cattiva], non è/non sarebbe/non sarebbe stata una novità [literally: nulla di nuovo]. 19) Se i politicanti non prenderanno/non prendessero/non avessero preso bustarelle, sarà/sarebbe/sarebbe stata [una cosa] sorprendente.   20) Se dobbiamo/dovessimo/avessimo dovuto pagare presto le tasse, siamo/saremno /saremmo stati nei guai.   21) Se i soldati si rifiuteranno/si rifiutassero/si fossero rifiutati di partire per la guerra, il mondo sarà/sarebbe/sarebbe stato finalmente felice.   22) Se non prendiamo/non prenderemo/non prendessimo (non avessimo preso l'autostrada, il viaggio è/sarà/sarebbe/sarebbe stato più lungo.   23) Se la sua politica è/fosse/fosse stata così stupida, non votiamo/ non voteremmo/non avremmo votato per lui.   24) Se devo/dovessi/avessi dovuto dimagrire, tento/tenterei/avrei tentato.   25) Se non devo/non dovessi /non avessi dovuto fare i lavori di casa, gioco/giocherei/avrei giocato con i bambini.   26) Se non riesce (riesci, riuscite)/non riuscisse (riuscissi, riusciste)/ non fosse riuscito (fossi riuscito, foste riusciti), L'aiuto (ti aiuto, vi aiuto)/La (ti, vi) aiuterei/L'avrei aiutata (ti avrei aiutato, vi avrei aiutati).   27) Se aumenteranno/aumentassero/avessero aumentato i prezzi, perderanno/ perderebbero/avrebbero perso un sacco di soldi.   28) Se i poliziotti potranno/ potessero/avessero potuto prendere il malvivente, lo metteranno/lo metterebbero/l'avrebbero messo in prigione.

Lezione 32, pagina 169
1) Sta cucinando il pasto da stamattina.   2) Lui diceva tante fesserie che lei è uscita.   3) Lui sussurrava mentre io parlavo a voce alta.   4) Il braccio mi ha fatto male tutto il giorno.   5) Ora mi lavo e mi vesto per uscire.   6) E' vissuta dieci anni a Nuova York quando era giovane ed ora vive a Roma da due anni.   7) Si rende conto (ti rendi conto, vi rendete conto) quanto sono stupidi!   8) Non mi ricordavo il suo nome.   9) La pubblicità commerciale era così brutta [literally: cattiva] ieri che ho spento la televisione. 10) Vendono al minuto da Natale.   11) Fabbrichiamo computers da molto

tempo. 12) Ho bisogno di sapere se può (puoi, potete) venire. 13) Devo dirLe (dirti, dirvi) qualche cosa d'importante. 14) Avrebbe (avresti, avreste) dovuto riparare la macchina ieri. Non ascolta (non ascolti, non ascoltate) mai quando Le (ti, vi) dico che dovrebbe (dovresti, dovreste) ripararla. 15) Non ho dovuto farlo per oggi. Devo farlo per domani. 16) Stavano avviando l'affare quando i poliziotti sono entrati. 17) Non deve (devi, dovete) lavare questo maglione. 18) Non sono abituato a mangiare il cibo italiano. 19) Avrebbe (avresti, avreste) dovuto telefonarmi per dire che era (eri, eravate) nei guai. 20) Non sapeva che cosa fare, così gli ho detto di andare dal capufficio. 21) Se Lei fosse (tu) fossi suo amico, sarebbe (saresti) abituato al fatto che beve tanto. 22) Come sei tonto! Non avresti dovuto credergli! 23) Non lo sopportavo, e non capisco perchè va matta per lui. 24) Ha (hai) ascoltato la loro stupida conversazione? 25) Stava per andare in pensione quando sua moglie si è ammalata. 26) Non sono tenuto ad aiutarLa (aiutarti, aiutarvi) poichè Lei non mi ha aiutato (tu non mi hai aiutato, voi non mi avete aiutato) quando ne avevo bisogno.

Lezione 32, pagina 170

1) Sono fidanzati da Natale. Pensa (pensi, pensate) che si sposeranno presto?
2) Io ridevo mentre Lei mi prendeva (tu mi prendevi, voi mi prenderate) in giro.
3) Dovrebbe (dovresti, dovreste) farle un regalo per il compleanno, e avrebbe (avresti, avreste) dovuto fargliene uno l'anno scorso. 4) Sto tentando da due ore di avere la comunicazione con quel dannato tipo. 5) Non [me] l'aspettavo, ma non mi sorprende. 6) Non vedo nessuno e non sento niente. 7) Ho poca grana. Puoi imprestarmene un po'? 8) La nostra ditta fornisce computers alla fabbrica da molti anni. 9) Non ha capito niente. Non capisce mai niente.
10) Stavo divorziando quando lo ho incontrato. 11) Inganna la moglie da quando si sono sposati [literally: dal matrimonio]. 12) Deve (devi, dovete) ricuperare [il tempo perso] , se non vuole (vuoi, volete) restare troppo indietro.
13) I malviventi stavano celebrando il furto quando i poliziotti sono entrati.
14) Non avrebbe (avresti, avreste) dovuto prendere quelle droghe.
15) Non posso aiutarLa (aiutarti, aiutarvi). Sono troppo stanco. 16) Picchia la moglie da quando è nato il bambino. 17) Da quanto tempo è incinta?
18) La gamba mi fa male dall'incidente. 19) La (ti, vi) disturbo se fumo mentre mangia (mangi, mangiate)? 20) Ho dovuto lasciare una grossa mancia. Anche Lei avrebbe dovuto (tu avresti dovuto, voi avreste dovuto) lasciar[ne] una. 21) Non potrei rimanere [literally: restare] onesto nella politica. Lei [lo] potrebbbe (tu [lo] potresti, voi [lo] potreste)? 22) La malavita à così potente [literally: forte] che abbiamo tutti paura. 23) Da quanto tempo siete sposati? 24) Sapevi che faceva all'amore con la segretaria mentre eri in viaggio? 25) Avrebbe (avresti, avreste) dovuto abituarsi (abituarti, abituarvi) ai suoi scherzi molto tempo fa. 26) Non deve (devi, dovete) portare il sapone. 27) Paghiamo forti tasse e ci roviniamo nello stesso tempo. 28) Avrebbe (avresti, avreste) dovuto dirmi prima che non sarebbe (non saresti) venuto (non sareste venuti).